名古屋の観光力

歴史・文化・まちづくりからのまなざし

山田明・吉田一彦◉編

はじめに　なぜ「名古屋と観光」なのか

山田　明

観光地というと、どこを思い浮かべるであろうか。年間五千万人の観光客が訪れる京都、遠くは札幌や函館、近くでは高山や伊勢志摩などが多くの人に観光地としてイメージされるであろう。大都市の中でも、東京や大阪、横浜や神戸などが観光地らしい特徴を備えているといえよう。名古屋はどうも観光地としてイメージ、特徴が希薄な都市といえるのではないか。

では、なぜ「名古屋と観光」なのか。観光は「物見遊山」というイメージが強く、「面白さ」や「わくわく感」から評価されることが多い。観光をもっと広い視野から、まちづくりや文化、グローバル時代にあって異文化交流といった側面から位置づけると、「名古屋と観光」にも光があたるのではないか。

社会学者ジョン・アーリ『観光のまなざし』（加太宏邦訳、法政大学出版局、一九九五年）は、ミシェル・フーコーの〈まなざし〉の概念を手がかりに、ツーリストの視線とその対象を歴史的・経済的・

文化的・視覚的なさまざまのレベルにおいて分析した画期的な〈観光論〉として名高い。

アーリは第一章「観光のまなざし」で示唆に富む指摘をしている。「観光や行楽や旅行というのは、ほとんどの評論家たちが考えてきた以上に重要な社会的現象なのである。一冊の本を書くにしては、一見すると、こんな下らない主題はないようにみえる。実際、社会科学者たちは労働とか政治というもっと重いテーマについて苦心を重ねて説明をしてきたわけで、かえって行楽などというもっと取るに足らない現象の説明をせよと言われると、たいへん困るのではないかと想像されるのである。」

アーリの鋭い指摘は現代日本社会にもあてはまるのではないか。観光というと「遊び」「息抜き」などがイメージされ、「取るに足らない」現象として軽くみられる傾向が続いてきた。だが、アーリが「観光のまなざし」として問いかけるように、じつは観光は奥の深い学問分野であり、学際的な調査研究が求められる。観光は今日の経済社会のなかで大きな位置を占めており、グローバル化が進む中で、その役割はますます高まる傾向にある。

多様な交流の促進と集客力の向上による観光の振興は、グローバル化と分権化が交錯する現代社会で重要な政策課題となっている。

欧米諸国と比べ遅れ気味ではあるが、わが国でも一〇年ほど前から観光振興への取り組みが強化されてきた。二〇〇三年に「ビジット・ジャパン・キャンペーン」が行われ、二〇〇六年に観光立国推進基本法が制定された。活力に満ちた地域社会の持続可能な発展をつうじて、国内外からの観光旅行を促進することが課題とされた。基本法のマスタープランとなる観光立国推進基本計画も策定され、二〇〇八年には観光庁が発足した。その後も「新成長戦略」や「日本再生戦略」のなかで観光立国戦略が柱のひとつとされている。

地方自治体は国に先駆けて観光施策を計画実施してきた。東京都は二〇〇一年に観光産業振興プランを策定した。「活力と風格ある世界都市・東京をめざして」という副題がついた二〇〇七年のプランのなかで、「今後、世界的な成長産業として、観光の重要性が一層高まり、旅行者の誘致・獲得をめぐる国際的な都市間競争の行方が、都市の活力に大きな影響を及ぼすと見込まれる」と指摘する。

東京都では二〇〇四年に観光まちづくり基本指針を策定した。上野地区をモデルケースに具体的な取り組みも始まり、「観光まちづくり」という新たな動きに注目が集まる。他の大都市でも「創造都市」戦略や景観重視のまちづくりと関わらせて観光まちづくりを推進している。大阪市では二〇〇六年に芸術文化創造・観光振興行動計画を策定し、芸術文化と観光を一体的に取り組んでいる。横浜市も「文化芸術創造都市　クリエイティブシティ・ヨコハマ」を掲げ、港の賑わいと都心部の回遊性の向上、文化芸術による都心部活性化と観光振興策を積極的に展開している。

名古屋はどうか。都市としての魅力や観光について国民や市民の評価が低いだけでなく、行政や企業の関心もそれほど高くない。二〇〇八年に観光推進行動計画（アクションプラン）策定に向けて、「名古屋市の観光推進を考える研究会」が設置された。大学で観光の教育研究に力を入れてきたこともあり、この研究会の座長に指名されることになった。慣れない座長という「大役」に当初はまごついたが、観光の専門家とともに意見交換した。研究会でたえず議論になったのが、なぜ「名古屋と観光」なのかであった。研究会の設置目的に直接関わることであり、座長として頭を悩ました。なぜ「名古屋と観光」なのか、名古屋の観光を考えるうえで最初に引っかかる問題である。

名古屋はこれまで好調な地域経済に支えられ、観光や交流にあまり目を向けてこなかった。自動車産業を基軸とした製造業が地域経済の中心に位置して、観光などに頼らなくてもよい経済・産業構造であった。自治体としての観光施策も明確ではなく、観光推進の体制も弱かった。観光は市役所全体の取り組みではなく、行政のなかでも「片隅」におかれてきたようだ。

だが近年のグローバル化にともなう経済環境の急変、海外展開にともなう地域経済の空洞化など、これからは「ものづくり」だけでは地域経済は維持可能ではない。観光はじつに裾野が広く、産業や雇用など波及効果も大きなものがある。グローバル時代にあって、人と人の交流がますます盛んになり、観光と交流が重要性を増すと考えられる。内外の都市が競い合うかのように観光施策に力を入れているのは、こうした経済的背景があるからだ。

観光は都市に経済活力をもたらすだけでなく、都市の魅力アップや住みやすさ（アメニティ）の向上につながる。名古屋では経済面よりも、こちらの都市としての風格、いわゆる「都市格」を高める方がむしろ重要かもしれない。名古屋が都市としての個性と魅力、「都市格」を高めていくためにも、観光や交流にもっと光をあてる必要があろう。名古屋の魅力やブランド力を高めることにより、観光客をはじめとした交流人口を増やし、集客力向上により観光力を高める。それは市民にとっても、誇りと愛着をもつまち、暮らしやすく住み続けたくなるまちにもつながる。「住んでよし、訪れてよし」の観光まちづくりである。

本書は「観光のまなざし」を名古屋にあてる。まなざしの焦点は、名古屋の観光力である。名古屋の観光力の現実をシビアに見つめ、名古屋ならではの観光戦略をさぐる。ここ七年余り続けてきた「名古屋の歴史・文化・まちづくり」の共同研究と講義をもとに、名古屋の観光を勘考していきたい。まずは名古屋の歴史から、観光の旅をはじめよう。

名古屋の観光力　歴史・文化・まちづくりからのまなざし　【目次】

Part 1
名古屋の歴史・文化と観光

大須・名古屋城・熱田神宮
―名古屋の歴史文化遺産と観光―

吉田　一彦

はじめに

　名古屋の観光を活性化させるにはどうすればよいか。その際、名古屋の〈歴史文化遺産〉はどのような役割をはたすのか。また、名古屋の歴史にはどのような特色があり、歴史文化遺産の現況はどのようになっているのか。本章では、歴史学を専攻する視角から、これらの問題について考えてみたい。

　名古屋の観光について語るのは容易ではない。名古屋の観光は、現在、決して活発とは言えないし、その活性化には、少し考えただけでも、いくつもの困難な課題が横たわっているからだ。けれど、その一方で、名古屋の観光についてあれこれと考えることは楽しい。そこには困難ばかりでなく、種々の潜在的可能性が眠っていて、工夫次第で魅力的な未来像が構想しうるようにも思われるからだ。本書は、名古屋の観光を活性化させることを提起し、その条件や方策について考察するものであるが、なぜ活性化させるべきだと考えるのか。ここから論をはじめることとしたい。

名古屋に〈少しの〉観光を

名古屋の観光を活性化させることは、今後、市民にとって、また政治や行政にとって大きな課題になるだろうと考える。観光の活性化は、一般にどのような意味を持つのか。また、名古屋の場合、どのような意味を持つのか。私は、その意味として次の三点を考えている。

観光活性化の三つの意味——経済への質的影響

一つは、経済の問題である。観光の活性化は、現在、世界の多くの国々の課題になっている。観光による収入は決して小さいものではなく、その経済効果、波及効果がかなり大きいからである。日本でも、二〇〇六年に「観光立国推進基本法」が制定されて観光立国が宣言され、二〇〇八年には観光庁が国土交通省の外局として設置された。国家が役所を作って観光の活性化に取り組みはじめたのである。二〇一二年には、世界の観光客数が一〇億人を突破したというニュースが報じられた。

観光収入の獲得は、世界の国々にとって経済的課題の一つになっている。

では、名古屋はこれについてどう考えたらよいのか。私は名古屋も観光収入を増加させていくべきだと考える。名古屋は、しかし、これまで「ものづくり」を中心にして発展してきた町である。特に、戦後の経済成長はものづくりによるところが大きい。その名古屋の特質を一八〇度がらりと変えて、京都、知床、沖縄のような観光を中心にする町に転換すべきだと主張するのではない。

私は、名古屋に〈少しの〉観光を加えるべきだと考える。それはどういうことか。ものづくりは多くの経済的利益をもたらす。これが順調に進んでいるときは堅実で安定的な経済となるだろう。しかし、現在のように国際経済が不透明な時はいつも順調とは言いがたく、時々の情勢によって不安定になってしまう場面が生じる。名古屋の経済の中に、ものづくりだけでなく、観光という側面を加えておけば、緩衝材、安全弁としての重要な役割を果たしてくれる。名古屋の経済を観光中心のものに一八〇度転換するというのは非現実的だと思うが、ものづくり経済一辺倒ではなく、ものづくりを重視しつつもそれに観光を加えていくことは有益なことだろう。

地域の歴史・文化理解の深化

第二は、地域の歴史、文化の自己理解の問題である。名古屋には名古屋の歴史、文化がある。それを名古屋の人々が深く、またその長所、短所を含めて愛着をもって認識することは重要な課題の一つとなるだろう。では、どうすれば認識は深まるのか。たとえば、それを学校で教えるなど学校教育にゆだねるのも一つの考え方かもしれない。しかし、それだけでは必ずしも十分な成果は得られないのではないかと思う。地域の歴史、文化の理解には、もっと生活に密着するようにして、感性的に肌身で体感するという側面が欠かせないからである。観光の活性化はその一つの誘因になりうるものであり、地域の人々の歴史、文化の自己理解の深化に大いに寄与すると考える。

国際的な人的交流

第三は、国内外の人々との交流の推進と発信力の向上の問題である。名古屋と他地域、他国家の人々との交流は、現在ある程度進展しているとはいえ、まだ足りないように思う。交流を今以上に推進していく必要があるし、その中で名古屋についての情報や魅力を広く外部に発信していくことが大事な課題になっていると思う。だが、その実現はそう簡単なことではない。何らかの方法論の準備なしには交流の活性化はなかなか成し遂げられない。その推進には仕掛けが必要だと思うが、観光の活性化はその一つになりうると考える。観光を活性化させ、それによって人的交流を推進し、名古屋の魅力を発信力高く伝えていけたらすばらしいだろう。

歴史文化遺産と観光

一般に地域の観光にとって、〈文化遺産〉や〈自然遺産〉の評価、活用は欠かすことができない。ユネスコの世界文化遺産や世界自然遺産に登録されるような遺産を有する地域はもちろんのこと、そこまでではなくても各地の貴重な文化遺産、自然遺産は有力な観光資源になっている。では、名古屋の場合はどうであろうか。大都市である名古屋は、残念ながら自然遺産には恵まれないが、文化遺産は存在する。私は、その〈文化遺産〉をさらにいくつかに下位区分し、その中の一つとして〈歴史文化遺産〉という概念を位置づけたい。

なお、名古屋には、ものづくりの特性をいかして「産業観光」を推進すべきだとする考え方がある。これは名古屋の個性をふまえた有力なアイデアになっていると思う。その産業観光の資源になる遺産も〈文化遺産〉の中の一つと見るべきだと考える（ここではそれをかりに〈産業文化遺産〉という概念でとらえておきたい）。小論では、このうち、私が専攻する歴史学の視角から名古屋の〈歴史文化遺産〉について考察していきたい。

名古屋の歴史文化遺産

名古屋の歴史文化遺産は、戦災によって多数が失われてしまったとはいえ、それでもいくつもの貴重な遺産が存在している。それらの中には名古屋の人々によく知られているものがあるが、他方、有名ではなくても貴重なものもある。私見では、名古屋の歴史文化遺産の中で観光の中核になりうるものは、平凡ではあるが、①熱田神宮、②名古屋城、③大須観音と大須文庫であろうと考える。歴史文化遺産を観光資源として活用するには、一つ一つの遺産を有機的に結びつけて、ひとまとまりの集合体として提示することが重要になる。個々の歴史文化遺産を各別に提示するというのはできれば避けるべきで、観光の中心になるものを設定し、それを中核にしてストーリーのある集合体を構成、提示するという作業が必要になると思う。名古屋のような規模の都市の場合、その集合体の数は三〜四、あるいはそれ以上が構成可能になろうが、私は、それぞれの集合体の中核になるのは右の①〜③であろうと考える。このうち、①については本章で後述し、②については「名古屋城の本丸御殿復元を考える」で詳論するので、ここでまず③について簡単に言及しておきたい。

大須観音の由来

大須観音（真言宗智山派）は名古屋市中区大須にある寺院で、正式の法号は北野真福寺宝生院《しんぷくじほうしょういん》。名古屋の人々からは大須観音の愛称で親しまれている。この寺は、元弘三年（一三三三）頃に能信《のうしん》という僧によって創始された古寺である。ただ、もとは名古屋ではなく、尾張国中島郡長岡荘の木曽三

大須観音（北野真福寺宝生院）
同寺の「大須文庫（真福寺文庫）」には貴重な古典籍、古文書が多数所蔵されている。中でも『古事記』の現存最古の古写本（国宝）は著名。

川の中洲に建立された寺院であった。やがて、この寺のあった大須の一帯は長岡荘から独立して大須荘となった。そこは、現在の岐阜県羽島市桑原町大須にあたる［稲葉伸道、二〇〇二］。そこの寺が、慶長一七年（一六一二）、徳川家康の命によって、新しく建設された名古屋城下町の現在地に移転してきた。現在地の地名の大須は、もともとこの寺があった中島郡の大須に由来するもので、その故地である現在の羽島市桑原町には今も大須の地名が残っている。

『古事記』最古の写本を所蔵

大須観音（真福寺）は古い典籍《てんせき》（書物）や文書《もんじょ》を収集する寺院として知られ、そのコレクションは「大須文庫」と呼ばれている。その総数は約一万五〇〇〇点という多数にのぼる。このうち四点が国宝に、三七点が重要文化財に指定されているが、未指定で貴重なものが多数あり、調査が進展すれば指定文化財の数はもっと増えていくことが予測される。

中でもっとも有名なものは、国宝に指定されている『古事記』で、応安四～五年（一三七一～二）に書写された、現存最古の古写本である。他にも『日本霊異記《りょういき》』『扶桑略記《ふそうりゃくき》』『将門記《しょうもんき》』『空也誄《くうやるい》』『水鏡《みずかがみ》』など、日本史や古典の教科書に出てくるような著名な作品の古写本が多数所蔵されている。また、近年、関係の研究者による精力的な調査が進められ、栄西の新出の書状やこれまで知られていなかった著作が新たに確認され、また『日本霊異記』中巻冒頭部分や『水鏡』冒頭部分が発見されるなど貴重な新発見がいくつもあった。その成果が、二〇一二～三年、名古屋市博物館にて「特別展　古事記一三〇〇年　大須観音展」として開催された。これは大変充実した展覧会で、『古事記』をはじめとして著名な古典籍、古文書がずらりと並んで展示され、まことに壮観であった［名古屋市博物館・真福寺大須文庫調査研究会・二〇一二］。これらの古典籍、古文書は真に価値あるものであり、旅行者に適切な形で見ていただけたら意義深いと考える。ただ、現在は、残念ながら大須文庫は一般公開されていない。大須文庫について詳しくは、本書所収、市岡聡「コラム・大須文庫の国宝と観光について」を参照されたい。

庶民の集う寺

さて、大須観音は、地域の人々の信仰に支えられて歴史を生きてきた寺院であり、今も参詣者が少なくない。その門前のにぎわいは現在も大須商店街として続き、伝統的な商店から、古着屋、ア

七寺
世界的にも貴重な「七寺一切経」（仏教経典の全集）を所蔵している。重要文化財

クセサリー店など若者向きの今風の店、貴金属店、芸術・文化関係の店、演芸場など多種多様な店が混ざり合ってとても面白い。お祭や縁日の日もたくさんある。この混沌の魅力は町が生きている証拠であり、なお発展していく潜在力を有している。

この地域は、名古屋の城下町が作られたとき以来、寺院の町として整備された。そのため、大須観音以外にも寺院、神社が数多い。七寺、大光院（赤門明王殿）、総見寺、阿弥陀寺、万松寺、陽春院、政秀寺、北野神社、富士浅間神社、春日神社、三輪神社などである［下中邦彦・一九八一］。このうち、七寺《ななつでら》（真言宗智山派）は、伝承では尾張国中島郡萱《かや》津《つ》（現在の愛知県あま市）にはじまるというが、歴史がはっきりとしてくるのは平安時代末期ごろからで、中島郡七ツ寺村（現在の愛知県稲沢市七ツ寺町）で堂塔が建立、整備された。その後、さらに中島郡清須郷朝日村（現在の愛知県西春日井郡清洲町朝日）に移ったが、名古屋城下町の成立とともに、慶長一六年（一六一一）に現在地へと移転してきた。かつて本堂、三重塔などの堂塔が建ち並んでいた様子が『尾張名所図会』などに描かれている。それが太平洋戦争の末期、昭和二〇年(一九四五)三月の名古屋大空襲で、国宝の本尊阿弥陀如来坐像や伽藍のほとんどを失ってしまった。それでも、現在、重要文化財に指定されている観音菩薩坐像(平安時代末期)、勢至菩薩坐像(同)、一切経《いっさいきょう》(仏教経典の全集)がある。特に七寺一切経には、世界中でここにしかテキストが現存していない貴重な経典が含まれており、はなはだ価値が高い[牧田・落合・一九九四〜二〇〇二]。

伝統的な庶民信仰の寺である大須観音、若者の志向を大幅に取り込んだ面白い商店街、名古屋らしい楽しい食文化、国宝や重要文化財の大須文庫の古典籍・古文書、そして七寺の歴史文化遺産。これらを組み合わせて再整備し、旅行者たちに提示していったら、大変喜んでもらうことができ、意義深いと私は考える。

近世につくられた城下町名古屋

名古屋は、歴史的にどのような特色を有する都市であろうか。歴史文化遺産という観点からいうなら、①一七世紀初めの名古屋城および名古屋城下町の成立、②昭和二〇年(一九四五)の名古屋大空襲による喪失、の二点に注目する必要がある。

近世の人工都市

今日につながる名古屋の町は、徳川家康（一五四二〜一六一六）によって名古屋城およびその城下町が建設されるところからはじまった。家康は政治権力を掌握すると、尾張国にも拠点になる城を築くことを計画した。家康は、最初、織田信長（一五三四〜一五八二）が拠点とした清須城の改修を検討したが、やがてその案は廃され、城の移転、新築が計画されていった。そして、慶長一四年（一六〇九）、那古野（名古屋）に新しい城が築かれることになり、翌年（一六一〇）より本格的な築城が開始された。城下には城下町が建設されることになり、そこに慶長一五年〜一九年（一六一四）に清須城下の町と人とが引っ越して移動してきた。「清須《きよす》越（清洲越）」である。この移転では、清須城下の武家、寺社、町家のすべてが移り、約五〇あったという町の町名から橋名までもが移された。神社三社、寺院百余ヵ寺も移転になった［新修名古屋市史三・一九九九］。こうして名古屋城、およびその城下町としての名古屋の町が成立した。したがって、名古屋は、近世に成立した〈人工都市〉ということができる。その後、町は繁栄、拡大し、江戸時代、大いににぎわった。

城下町成立以前の名古屋

では、それ以前の名古屋はどのようなところだったのか。中世、この地には那古野荘という荘園があった。上村喜久子氏によれば、これは一二世紀後期頃に小野顕恵《けんえ》（東大寺別当だった）が開発し、建春門院《けんしゅんもんいん》（平滋子、一一四二〜一一七六、高倉天皇の生母）に寄進して成立した荘園で、のち建春門院法花堂領の荘園となって、顕恵の子孫が領家職を代々相続していったという。荘域の詳細は残念ながら不明であるが、荘域内に安養寺があり、それは名古屋城内三の丸あたりに所在した（明治維新で廃寺）［新修名古屋市史一・一九九七］。室町時代になると、那古野荘は今川氏の支配下におかれるようになった。一六世紀前期には、今川氏が那古野の地に那古野城（柳之丸）を築いて拠点の一つとした。のち、この城は織田氏に奪取されて織田氏の居城となったが、まもなく廃城となった。そうした歴史を経て、家康は那古野（名古屋）の地に名古屋城およびその城下町を建設したが、それ以前の名古屋の地は都市的な地域ではなく、古代、中世を通じて非都市的な鄙辺の地域であった。

名古屋の歴史文化遺産は、したがって、その多くが名古屋城成立以後のもので、名古屋城成立以前にさかのぼるものは乏しい。そうした中、先に述べた大須観音（真福寺）や七寺のような、多数の歴史文化遺産を携えて他地域から名古屋に移動してきた寺院は貴重な存在と言えるだろう。両寺が名古屋に移ってから四〇〇年になる。両寺は近世都市名古屋を代表的する寺院といってよいだろう。

古代からの歴史文化遺産・熱田神宮

では、名古屋城成立以前の名古屋の歴史文化遺産にはどのようなものがあるだろうか。大変重要な存在がある。それは熱田神宮である。この神社（当初は「熱田社」と称した）は成立が古く、古代、中世を通じてこの地域で大きな力を持ち、地域の文化、政治の中枢を占めた［藤本元啓・二〇〇三、阿部泰郎・二〇一〇］。やがて熱田社には門前町ができ、それは中世後期には都市的な様相を持つようになり、江戸時代には東海道の宮の宿が設置されてさらなるにぎわいをみせた。熱田の町と城下町名古屋とは町境が隣あい、両者が連続するようにして繁栄していった。熱田神宮はそれ自体が歴史文化遺産であるが、同社にはまた多くの注目すべき文物が伝えられている。熱田神宮の歴史と文化については後節で考察したい。

戦災による喪失をどう克服していくか

名古屋の歴史文化遺産に大きな損害を与えたのは、昭和二〇年（一九四五）三～七月にくりかえし行なわれた名古屋大空襲である。太平洋戦争末期、アメリカ空軍は東京、名古屋、大阪、神戸など大都市への空爆攻撃を行なった。名古屋では、低空から焼夷弾を投下する無差別爆撃が行なわれ、軍とは直接関係しない多数の一般市民が犠牲になり、家や財産を失ってしまった［新修名古屋市史六・二〇〇〇］。そして、名古屋の歴史文化遺産の多くが爆撃によって失われた。

名古屋空襲の甚大な被害

昭和二〇年（一九四五）三月一九日の空爆では、焼夷弾の絨毯爆撃によって名古屋市街の多くの地域が焼け、多くの犠牲者が出た。一連の名古屋大空襲の中でもっとも被害が大きい一日であった。歴史文化遺産では、大須観音およびその門前町が焼けてしまった。大須観音は、明治二五年（一八九二）の大火で本堂、五重塔、仁王門を焼失したが、この日の爆撃で堂舎のほぼすべてを失ってしまった。ただし、大須文庫の国宝は灰宝神社（愛知県豊田市）に疎開していて無事であり、他の古典籍、古文書、そして本尊は、幸いにも新造の鉄筋コンクリート製の書庫に守られて焼失をまぬがれた。

七寺では、この日の爆撃によって、本堂、三重塔など、経蔵を除く伽藍のすべてを失い、国宝に指定されていた本尊の阿弥陀如来坐像、持国天像《じこくてん》、多聞天像《たもんてん》などを焼失してしまった。ただし、国宝に指定されていた七寺一切経は、灰宝神社（愛知県豊田市）に疎開していて無事であった。また、阿弥陀如来坐像の脇侍であった観音菩薩坐像と勢至菩薩坐像は幸いにも焼失をまぬがれたが、現住職の蟹江良輝氏のお話によると（二〇一三年三月一九日聴聞）、この日、すでに本堂に火がついてしまっている中を、二人の人手で菩薩像を一躯、もう一躯と運び出し、勢至菩薩像の光背を運び出したところであとは救出困難になってしまったのだという。

五月一四日の空爆では、B29型爆撃機から国宝に指定されていた名古屋城に焼夷弾が投下され、天

戦災で焼失した名古屋城
1945 年の名古屋大空襲で焼けてしまい、石垣が残った。のち 1959 年に再建、外観復元された

守閣、本丸御殿などが焼失した。今日、写真で、爆撃の炎に燃え上がる名古屋城の姿を見ると、悲しくつらい気持ちになる。名古屋城は日本を代表する城郭建築であり、日本一の城であった。もしこれが焼失しなければ、名古屋のシンボルとしてそびえ、また日本を代表する城郭建築として内外の多くの見学者を集めていたものと思う。

三日後の五月一七日の空爆では、明治二六年（一八九三）に神明造《しんめいづくり》の様式で建立された熱田神宮の社殿が焼けてしまい、国宝の海上門が焼失した。さらに七月二九日の爆撃で国宝の鎮皇門も焼失した。熱田神宮の被害も甚大であった。

以上、戦災による被害は甚大であり、多くの歴史文化遺産が失われてしまった。また、伝統と情緒に満ちた名古屋の歴史的町並みが失われてしまったこともはなはだ残念であり、にぎやかだった祭の山車《だし》も多数が焼けてしまった。さらに「芸どころ名古屋」といわれた無形の文化財についても失ったものは多大であった。今日の名古屋の観光を考えるとき、歴史文化遺産という観点からするなら、戦災による喪失をどう克服していくかが問題になると考える。

熱田神宮の歴史と文化

『日本書紀』に見る熱田神宮

熱田神宮（熱田社）は、養老四年（七二〇）に成立した『日本書紀』に、「熱田社」という名で三ヵ所に記述が見える。A、神代紀のスサノヲの大蛇退治のところに、スサノヲが大蛇の尾を斬ったところ尾の中に剣があり、これを「草薙剣《くさなぎのつるぎ》」となづけたとし、「此《これ》、今《いま》し尾張国の吾湯市村《あゆちのむら》に存す。即ち熱田の祝部《はふりべ》が掌《つかさど》れる神、是《これ》なり」とある。次に、B、景行天皇五一年八月条に「初め日本武尊《やまとたけるのみこと》の佩《は》かせる草薙横刀《くさなぎのたち》は、是《これ》今し尾張国の年魚市郡《あゆちのこおり》の熱田社に在《あ》り」とある。さらに、C、天武天皇の朱鳥元年（六八六）六月条に「天皇の病を卜ふに草薙剣に祟れり。即日に尾張国の熱田社に送り置く」とある（いずれも原漢文）。

これらの記述から、少なくとも『日本書紀』が完成した七二〇年の段階で熱田社が存在し、また大蛇の尾から出現したという伝説を持つ草薙剣をまつる神社として知られていたことが判明する。その歴史は、少なくとも七世紀末の天武朝まではさかのぼりうるものだと理解してよかろう。

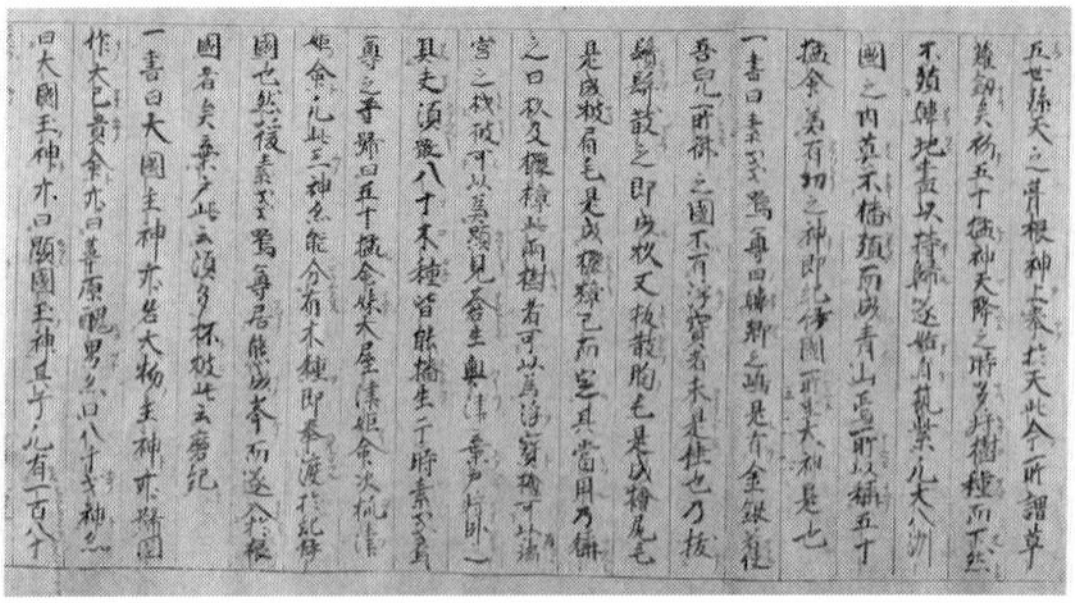

『日本書紀』熱田神宮所蔵　重要文化財　巻一下
『日本書紀』（720年成立）には、熱田社のことや「草薙剣」のことが記されている

豪族・尾張氏との関係

熱田社の成立の事情については、『日本書紀』に記載がなく不明の部分が多い。だが、今日では、地元の有力豪族であった尾張氏がまつる神社として成立し、発展したものだと見る説が一般的で、説得的である「吉田研司・一九八〇、岡田精司・一九九二、福岡猛志・一九九二」。尾張氏は、熱田台地あたりを根拠地の一つにして大きな力をもった豪族で、早くから大和の政治権力と政治的文化的交流を持っていたことが知られている。尾張氏のもともとの本拠地がどこだったのかについては諸説があるが、その首長の墓と推定される古墳が熱田神宮の周辺に存在する。熱田神宮のすぐ西隣には全長七〇メートルの前方後円墳である白鳥古墳があるが、これは六世紀半ばの尾張氏に関係する墓と考えられている。また、そのすぐ北側の熱田神宮野球場の隣に断夫山《だんぷさん》古墳（国の史跡に指定）がある。これは墳丘長が約一五〇メートルにもおよぶ東海地方最大規模の前方後円墳で、六世紀前期の尾張氏の首長の墓と推定されている「新修名古屋市史一・一九九七」。

六国史では、熱田社は、その後どのように記されているだろうか。『続日本紀《しょくにほんぎ》』には熱田社についての記述が見えないが、その後の『日本後紀《にほんこうき》』（逸文）、『続日本後紀《しょくにほんこうき》』、『日本文徳天皇実録』、『日本三代実録』には、神階《しんかい》（神に授ける位階）の叙位《じょい》のことを中心にいくつかの記述が見える。それらによれば、弘仁一三年（八二二）六月に尾張国の熱田神に従四位下が授けられ、天長一〇年（八三三）六月には尾張国の従三位の熱田大神に正三位の位階と、封戸《ふこ》一五戸が授けられた（一五戸分の税が与えられること）。次いで、承和二年（八三五）一二月には尾張国の日割《ひさき》御子神《みこのかみ》、孫若御子神《ひこわかみこのかみ》、高座結御子《たかくらむすびみこの》神《かみ》が名神に位置づけられたが、この三神は熱田大神の御児神《みこのかみ》（子どもの神）だという。さらに嘉祥三年（八五〇）一〇月には尾張国の

熱田神宮古絵図
熱田神宮所蔵　文化五年（1808）。16 世紀前期に描かれた古絵図を18 世紀初頭に写したもの。参詣図（参詣曼荼羅）の形式で描かれている。境内に五重塔や多宝塔が見え、神仏習合の時代の景観がよくわかる

熱田神に正三位が授けられ、貞観元年（八五九）正月には従二位が、同二月には正二位が授けられた。同月、大枝朝臣音人《おおえのあそみおとひと》が使者となって、伊勢国の多度神社、尾張国の熱田、大縣《おおあがた》などの神社におもむき、神位記（神階を記した書類）と財宝がたてまつられたという。そして、『日本紀略《にほんぎりゃく》』康保三年（九六六）三月条には「正一位熱田大明神《だいみょうじん》」という記述があり、この時までに正一位に昇っていたことが知られる。

このように熱田社の神は、国家から高い位階を叙されたが、しかしこの神だけが特別だったわけではなく、九世紀には全国の多くの神に神階が授与され、特に各地の名神には高い位階が授けられるのが一般的であった。熱田社はそうした地方の有力神社の一つとして処遇されたのである。

五重塔や多宝塔があった

さて、熱田社で重要なのは神仏習合が大いに進展したことである。平安時代前期、熱田社には神宮寺が建立され、神社と寺院とが並びたつ姿になった。また、『延喜式』を見ると、尾張国熱田社において、毎年春と秋に六四人の僧を招いて『金剛般若経』一千巻を転読させ、その布施・供養に神の封物を充てよとする規定がある。ここから、熱田社で、神の前で仏教経典を読経する〈神前読経《しんぜんどきょう》〉が、国家の宗教政策と連動するようにして行なわれていたことが知られる。

こうした神信仰と仏教との習合は各地の神社、寺院で見られるものであるが、熱田社では平安時代から江戸時代末まで継続し、明治の神仏分離までそうした姿が続いていった［新修名古屋市史二、三・一九九八、一九九九］。今日、熱田神宮や名古屋市蓬左《ほうさ》文庫には熱田社の古絵図がいくつか伝えられている。それらを見ると、かつての熱田社には五重塔や多宝塔が描かれており、神宮寺が存在したことが視覚的によくわかる。熱田神宮には、現在も『法華経』の装飾経、『阿弥陀経』の装飾経、紺紙金字《こんしこんじ》『般若心経』（いずれも鎌倉時代）などが所蔵されている。なお、現在、密蔵院《みつぞういん》（愛知県春日井市）に所蔵される木造十一面観音立像（平安時代）は、明治の神仏分離まで熱田社の神宮寺の社僧の院であった如法院《にょほういん》に安置されていたものであるという［新修名古屋市史一・一九九七］。

源頼朝と熱田社

熱田社の長官は「大宮司《だいぐうじ》」と呼ばれ、尾張氏が代々世襲して務めた。大宮司は地域社会で大変大きな力を持ち、たとえば『宇治拾遺物語《うじしゅういものがたり》』には、大宮司の威勢は尾張国の国司にも勝ると記されている。一二世紀、大宮司の尾張員職《かずもと》の娘と尾張国目代《もくだい》の藤原季兼《すえかね》が結婚し、その子の藤原季範《すえのり》が大宮司となった。以後、藤原氏が大宮司を世襲するところとなった。藤原氏はやがて千秋《ちあき》氏を称した。この藤原季範の娘と源義朝との間に誕生したのが源頼朝（一一四七～一一九九）で、頼朝は熱田社を「外戚之祖神」（『吾妻鏡』）として重んじたという。こうして熱田社は鎌倉幕府からも崇敬された。

中世・近世の熱田では、また、大変面白い説話がいくつも語られた。その一つに蓬莱《ほうらい》説話および楊貴妃《ようきひ》説話がある［福岡猛志・一九九二、渡瀬淳子・二〇〇五］。

熱田社は蓬萊宮？

蓬萊説話は、熱田の地こそが中国で仙人たちが住むといわれる蓬萊山であるとする話で、楊貴妃説話は、楊貴妃は実は熱田明神が姿を化して現れた女性で、日本を奪取したいと企てていた玄宗皇帝の心を蕩《とろ》かし、日本を攻めることをできなくしたとする話である［熱田神宮・二〇一二］。

蓬萊山（蓬萊島）は、中国の思想で語られた幻想の山で、東方の海中にあり、不老不死の仙人たちが住むとされた。またその中心には蓬萊宮が存在すると考えられた。渡瀬淳子氏によれば、熱田の地こそが蓬萊島だとする話は早く『海道記』（貞応二年〈一二二三年〉著者未詳）に見え、さらに比叡山の僧の光宗の『渓嵐拾葉集《けいらんしゅうようしゅう》』（文保二年〈一三一八〉の序を持つ）には、「唐の玄宗皇帝、楊貴妃とともに蓬萊宮に至る。其の蓬萊宮は我が国の今の熱田明神是《これ》なり」と記されている。楊貴妃は、よく知られているように、中国の美貌の女性で、唐の玄宗の妃。白居易の「長恨歌《ちょうごんか》」に玄宗と彼女の物語がうたわれている。熱田の楊貴妃説話は、最初は、楊貴妃と玄宗が熱田の蓬萊宮に至り来たという話であったが、やがて話が発展して、熱田明神が楊貴妃に化身して玄宗皇帝の日本侵略計画を阻止したとする話に展開していったという［渡瀬淳子・二〇〇五］。熱田社には、かつて楊貴妃の墓と称する五輪塔が存在したという。だが、それは時間の経過の中でしだいに朽ち壊れ、一七世紀後期ごろには撤去されてしまったようである。

もとより、熱田社の地が蓬莱島であるとか、熱田明神が化身して楊貴妃になったなどという説話はお話にすぎず、歴史的事実とは認められないが、しかし熱田の地でそうした説話文学が語られたことは事実である。観光には文学、説話の要素も大事であり、多くの旅行者たちの興味をそそる。私達は、こうした説話を文化遺産の一つとして評価していくべきであろう。

近代の変化

明治になると、熱田社にも新しい時代がおとずれた。明治元年（一八六八）、熱田神社という社号をあらためて「熱田神宮」とすることが新政府から宣下され、名称が「熱田神宮」に変わった。そして、明治四年（一八七一）には官幣大社に列せられた。

社殿造りの変遷

また、社殿の建築は、それまで尾張造《おわりづくり》（流造《ながれづくり》の一つ）と呼ばれる様式で、「正御殿」と「土用御殿」が並立し、その南に「渡殿」と「祭文殿」があり、周りを「回廊」が囲むという独特の様式で

熱田神宮　本宮　拝殿
現在の熱田神宮の本宮。拝殿の奥に本殿がある。明治 26 年（1893）に伊勢神宮と同様の神明造の建築に改造された。

熱田神宮　土用殿
明治 26 年（1893）の改造まで草薙剣が奉安されていたという土用殿。改造以前の熱田神宮は、本宮内に正御殿と土用御殿が並び建っていたという。現在は、神楽殿の北側、本宮の東隣にひっそりとたたずむ。1971 年の再建。

あった。その姿は明治五年（一八七二）の写真に残されている〔熱田神宮・二〇〇五〕。これに対し、明治期の宮司であった角田《つのだ》忠行《ただゆき》（一八三四〜一九一八、もと武士・信濃岩村田藩士、国学を学び、宮司に）は、神社は常にみずみずしくなくてはならないと考えて御改造を計画し、伊勢神宮と熱田とは同格であるべきだと考えて、様式を伊勢神宮と同じ神明造《しんめいづくり》に変更するよう政府に建言した。熱田神宮には、「御改造出願趣意書案控」（明治一三年〈一八八〇〉）という文書が現存し、そこに角田の見解が記されている［熱田神宮・二〇〇五］。こうして、明治二六年（一八九三）、熱田神宮は伊勢神宮と同じ神明造《しんめいづくり》に改築された。この御改造の時の鈴木幸右衛門芳規による設計図が今も熱田神宮に残されている［熱田神宮・二〇〇五］。

だが、この社殿は、先に述べたように、一九四五年の名古屋大空襲によって焼失してしまい、神宮の諸々の建造物は解体された。戦後、それらを復興するために「熱田神宮造営会」が発会され、寄付が集められ、復興造営が進められた。そして、昭和三〇年（一九五五）年に新社殿が完成し、本殿遷座祭が行なわれた。

むすび

熱田には、一七世紀初め、東海道が設置された時に宿が置かれ、宮の宿と呼ばれた。宮の宿から次の桑名（三重県桑名市）の宿まで、旅行者たちは舟を利用して進んで行った。七里の渡しである。宮の宿は、江戸時代、大いに栄え、にぎわいをみせたという。熱田神宮のすぐ南には、その宮の渡しの跡があり、現在、「宮の渡し公園」になっている。そこには、常夜灯や時の鐘も復元され、一定の整備がなされている。周辺には、かつて常夜灯の管理を担当していたという聖徳寺〈須賀浜辺太

堀川の花見　「堀川観桜図」名古屋城振興協会所蔵　江戸時代後期
堀川で川遊びをして舟から花見をしている図。

子堂〉（浄土宗西山派）や宝勝院（浄土宗西山派）があり、有名な鰻料理の店もある。

また、熱田神宮のすぐ横には堀川がある。堀川は名古屋城築城とともに、慶長一五年（一六一〇）もしくは一六年（一六一一）に開削が開始されたという人工の運河で、物資の輸送に大きな役割をはたした。江戸時代後期、堀川では、物資の運輸ばかりでなく、船遊びや花見の客が出てにぎわったという［名古屋市博物館・二〇〇七］。

先にも述べたように、観光の活性化には、一つ一つの歴史文化遺産を有機的に結びつけてひとまとまりの集合体として提示することが重要になる。現在、熱田の商店街は必ずしも活発でなく、歴史文化遺産も道幅の広い道路に寸断されてしまって散策が容易ではない。熱田神宮の周辺には白鳥古墳や断夫山古墳もある。源頼朝ゆかりの誓願寺（浄土宗西山派）もある。中世に神仏習合の活動を展開し、一七世紀には「芸どころ名古屋」の芝居の発祥地になった円福寺（亀井道場、時宗）もある。これらを一連のストーリーある集合体として整備していくなら、旅行者たちにとって魅力のある地域になるだろうし、名古屋の歴史文化遺産の再評価やまちづくりにとって意義深いことになるだろう。

参考文献

熱田神宮（二〇〇五）『熱田神宮の歴史と文化財』図録
熱田神宮（二〇〇七）『熱田神宮ご遷宮』図録
熱田神宮（二〇一二）『熱田神宮の伝説と名所』図録
阿部泰郎［あべ・やすろう］（二〇一〇）「中世熱田宮の宗教世界」（『神道史研究』五八―二）
稲葉伸道［いなば・のぶみち］（二〇〇二）「尾張国真福寺の成立」（『名古屋大学文学部研究論集』史学四八）
伊野辺重一郎［いのべ・じゅういちろう］（一九八六）「熱田神宮考」（『記紀と古代伝承』吉川弘文館）
岡田精司［おかだ・せいし］（一九九二）「草薙剣伝承と古代の熱田神社」（『古代祭祀の史的研究』塙書房）
牧田諦亮［まきた・たいりょう］監修・落合俊典［おちあい・としのり］編（一九九四～二〇〇一）『七寺古逸経典研究叢書』全七巻、大東出版社
下中邦彦［しもなか・くにひこ］編（一九八一）『日本歴史地名大系　愛知県の地名』平凡社
新修名古屋市史編集委員会編（一九九七、一九九八、一九九九、二〇〇〇）『新修名古屋市史』一、二、三、六、名古屋市
名古屋市博物館（二〇〇七）『大にぎわい城下町名古屋』図録
名古屋市博物館（二〇一二）『尾張氏：志段味古墳群をときあかす』図録

名古屋市博物館・真福寺大須文庫調査研究会編、阿部泰郎監修（二〇一二）『大須観音展』大須観音宝生院
福岡猛志［ふくおか・たけし］（一九九二）「熱田社とその信仰」（網野善彦他編『海と列島文化　8　伊勢と熊野の海』小学館）
藤本元啓［ふじもと・もとひろ］（二〇〇三）『中世熱田社の構造と展開』続群書類従完成会
吉田一彦［よしだ・かずひこ］（一九九六）「多度神宮寺と神仏習合」（梅村喬編『古代王権と交流4　伊勢湾と古代の東海』名著出版）
吉田研司［よしだ・けんじ］（一九八〇）「熱田社成立の基礎的考察」（竹内理三編『古代天皇制と社会構造』校倉書房）
渡瀬淳子［わたせ・じゅんこ］（二〇〇五）「熱田の楊貴妃伝説」（『日本文学』五四―一二）

「大須文庫」の国宝と観光
—未知との遭遇の魅力—

市岡　聡

名古屋市内に国宝がいくつあるか?

答えは、一五件である。数え方で件数が変わるが、国宝の保管・管理先の所在で見るとこの数字になる。内訳は、徳川美術館蔵の『紙本着色源氏物語絵巻』、『婚礼調度類』及び八点の「太刀」や「短刀」、熱田神宮所蔵の「短刀　銘　来国俊」、そして、大須文庫所蔵の『古事記』、『漢書食貨志《かんじょしょっかし》』、『琱玉集《ちょうぎょくしゅう》』、『翰林学士《かんりんがくし》詩集』である。

「大須文庫」という名を初めて聞く人も多いと思う。大須文庫は、大須観音の本堂後ろにある木造の「庫裏《くり》」のさらに裏にある、昭和九年(一九三四)にできた鉄筋コンクリート造りの建物に蔵される古典籍、古文書類のことで、この中には国宝四点、重要文化財三七点を含め、一万五〇〇〇点もの古い書物が伝えられている。

特に、『古事記』は一四世紀に写された現存最古の古写本で、全三巻が揃った完本であることを鑑みると、国宝中の国宝であり、『漢書食貨志』『琱珠集』は世界を見渡しても大須文庫にしか存在せず、これら国宝だけを見ても大須文庫の価値は計り知れない。また、私の研究テーマから見ると、重要文化財に指定されている六つの往生伝や一三世紀書写の重要文化財『法華経伝』、そして未指定であるが『日本法花験記』が貴重でかけがえのない書物である。昭和初頭に大須文庫を調査した東京帝国大学教授の黒板勝美《くろいたかつみ》氏(一八七六—一九四六)は、大須文庫が残っていることを、「寧《むし》ろ奇蹟といふべきなり」と絶讃している。

国宝とは

文化財には、有形文化財、無形文化財、民俗資料、記念物及び埋蔵文化財の五種類があり、有形文化財の中で重要なものが「重要文化財」に指定され、さらにその中でも世界文化の見地から価値が高く、たぐいない国民の宝たるものが「国宝」に指定される。

国宝は全国に一〇八五件あるが、このコラムを書くにあたり、私が真っ先に思い出したのは、興福寺（奈良市）の「阿《あ》修羅《しゅら》」像だった。阿修羅像は、顔が三つあり手が六本あるという、人間とは異なる姿を持つ像である。私は阿修羅像を初めて見たとき、神経質そうな顔だなと思ったが、最近の仏像好きの女性たちは、阿修羅像を見てイケメンだと思うらしい。平成二一年（二〇〇九）に東京国立博物館で開催された「国宝阿修羅展」での熱狂ぶりは記憶に新しいところである。

大須三大祭「春祭り」（大須観音境内にて）

平成二四年（二〇一二）一二月一日から翌一月一四日までの間、名古屋市博物館では「大須観音展」が開催され、大須文庫の国宝、重要文化財の品々をはじめ、数多くの宝物が展示された。「阿修羅展」が〝動的〟な熱狂なら、「真福寺展」は〝静的〟な熱狂というイメージだった。この相違は、東京と名古屋という都市のちがいだけが問題なのではなく、彫刻と書物という違いが大きいと考える。というのも、彫刻の場合、「綺麗だな」とか「この仏像はいま〇〇と考えているんだろうな」といった見る者の自分流解釈が可能であり、仏像の見方に詳しくなくても好き嫌いが判断ができるため、見ていておもしろい。

一方、書物の場合、虫食いだらけの汚い紙に漢字ばかり書いてあったり、ミミズがのたくったような字が書いてあったりと、見ていておもしろくないものばかりである。マニア向けにはよいかもしれないが、一般ウケするとは思えない。しかし、「大須文庫」は数々の災害を乗り越え、様々な人々の保護活動の末、今に伝わる〝奇跡の文庫〟である。この資産を、一部のマニアだけに独占させるのはもったいないのではなかろうか。

「大須文庫」と観光

「観光」という言葉からは、「楽しい」「ワクワクする」というイメージを受けるが、初めて訪れる土地での「未知との遭遇」という楽しみもある。私と妻は、旅行に行くと地元のスーパーで夕食を買い求めることにしている。私たちの住んでいる土地では見たことのないものが多く、特に初めての食べ物を見つけると、未知との遭遇にワクワクする。些細な例だが、こうした未知との出会いの楽しみ——それが観光ではないだろうか。

県外の人が名古屋にやって来て、大須文庫に興味を持たないのは仕方がない。なぜなら、名所や食べ物など、他に楽しい未知との遭遇があるからだ。しかし、名古屋市民にとって名古屋城や熱田神宮、味噌煮込みや手羽先は、未知ではなく日常の世界である。ところが、一般に知られていない大須文庫は、名古屋市民にとっても未知との遭遇と位置付けられる。この点で「未知」という観光の一つの要素は満たされた。では、もう一つの要素である「楽しい」という点をどのようにすればよいか。

先ほどの阿修羅像の話に戻るが、なぜ彫刻だと興味を持つのに、書物だと興味を持てないのか。漢字離れや古典への関心が薄くなっているという根源的な問題があるのは言うまでもないが、それ以前に、書物に何が書いてあるのかわからないというのが一番大きな理由だろう。これを解消するには、古文書の読み方を学習しなければならないが、タイミングよくそれを勉強するチャンスが提供されていないのが現状である。だから、まずはこのような古い書物に対する知識を増やす場をつくることが必要であろう。

ところで、みなさんが本屋で本を買う場合、買う前に数ページ試し読むのではないだろうか。本に関心を持つには、まず中身を見るというのが第一歩なのである。古い書物もこれと同じであろう。手に取って見るという行為に、古い書物をおもしろくする突破口があると思う。とはいえ国宝や重要文化財に指定されている書物を手に取って見ることはできないから、レプリカで良いので実際に触って、見て、感じる——その上で本物を見ると親近感が持てるようになる。私は、研究を進める中で仏教関係の論文や本を読む。当然、寺や神社が出てくるが、行ける範囲のところならには行くようにしている。その寺社を自分の目で見ること、その場に身を置くことでわかることもある。とにかく、接することが大切なのだ。

では、それをどこで行うか。実際には博物館等が適当かと思う。しかし、大須文庫がなぜ今もなお本堂の裏にあるのかを考えると、大須文庫で行うのがよいだろう。黒板勝美氏による大須文庫の調査のときに、当時の名古屋市長から火災等の危険がある繁華街・大須から鶴舞公園や徳川園に文庫を移転してはどうかという提案がされた。これに対し黒板氏は、これまで蔵書を守ってきたのは大須観音の人たちであるとして、断固反対したそうである。このように、大須文庫の蔵書は大須観音になければならないのであり、それに親しむのもやはり大須観音で行うのがベストと思える。さらに、大須文庫の一階部分の特徴を考えればなおさらである。大須文庫の建物は、今は容易には入れないが、この建物を作った黒板氏と当時の宝物館設計の第一人者である大江新太郎氏は、人々が大須文庫に親しめるように、文庫の一階を展示スペースとして解放できる造りにした。せっかく先人たちがこのような配慮をしてくれたので、この配慮をもっと大切にできるとよいのではないだろうか。文庫一階部分の一般公開が難しいとするなら、文庫の書物を年に何回か、あるいは常設で展示できるような施設があったら有意義だろうと思う。

おわりに

大須文庫を利用して観光するには装置が必要である。その装置は、古い書物に対する知識を増やす場、古い書物を手に取って見せる場、本物を見せる場の三つである。これらが整ったとき、大須文庫に関心のなかった人々の大須文庫への理解が深まり、観光が可能になるのではないかと思う。

名古屋は文化不毛の地であると言われることがある。しかし、それは誤りである。空襲によって名古屋は焼土と化したが、戦前は文化の集積した町だった。大須文庫は現在に残る名古屋の宝である。このような宝があることを、まずは名古屋市民が知ることが大切なのである。名古屋市民が名古屋を観光する、そのような観光があっても良いのではと思う。

参考文献

名古屋市博物館・真福寺大須文庫調査研究会編、阿部泰郎［あべ・やすろう］監修（二〇一二）『大須観音展』大須観音宝生院

名古屋は「芸どころ」か!?

阪井 芳貴

はじめに ―芸どころの形成―

本稿を整えている最中の二〇一三年三月をもって、名古屋の演劇の殿堂「御園座」が閉館とあいなった。何とも寂しい話題であった。いっぽうで、翌月には東京の歌舞伎座が新たに開場するということで大きな話題となっていた。実際に開場した四月上旬の歌舞伎座界隈の賑わいは、江戸の伝統文化の底力を見せつけたといっても過言ではないと思う。この対照的な出来事は、本稿の趣旨を端的に捉えるものと言えなくもないのである。

名古屋という町を表すことばの一つに、「名古屋は芸どころ」ということばがある。東京生まれ・関西育ちの私でさえ、昔から知っていることばである。が、意外にというか、情けないことにというべきか、九割以上が東海三県出身者である私の勤務先名古屋市立大学人文社会学部の学生に「名古屋と観光」の授業で尋ねたところ、ほとんどの学生から、このことばを聞いたことがない、という答えが返ってくるのである。それどころか、そんなことばには、まったく実感が伴わない、とも言われる始末である。つまり、現代の名古屋という町は「芸どころ」を自らも意識していないし、また意識させない空間になってしまったらしい。

異文化体験を好んだ名古屋人

この「芸どころ」ということばが、いつごろから使われだしたのかはつまびらかにできないのであるが、少なくとも名古屋について言われだしたのは、江戸時代の半ばくらいからではないかと想像される。その根拠は、後述するように、名古屋が全国一の芸どころであった時期があった、というところにある。種々の江戸時代の文献資料からもわかるように、そもそも物見高い人たちが多い名古屋である。

たとえば、私のもっぱら勉強している琉球・沖縄との関わりから見ても、江戸時代に都合一八回行われた江戸上りの際に、琉球国の使節の行列の様子を「つくりもの」に仕立て、木戸賃を取って見せる様子が『名陽見聞図絵《めいようけんもんずえ》』天保三年（一八三二）条に絵入りで記されているが、またこの地域では、琉球使節の行列の様子を描いた刷りものなどが何種類も遺されている。そういう例は、他所で出版物からはあまり見いだせない。興味深いのは、そうした資料から、いかに尾張の人々が物見高かったかをうかがい知ることができることである。今のはやりのことばで言えば、名古屋人は異文化体験を好む人々だった、ということになろうか。それはまた尾張名古屋が、東西を結ぶ交通の要衝にあり、異文化交流の拠点となり得たという地理的要件によるところも大きかったと考えられる。

徳川宗春の芸能振興政策

そういう土壌に、さらに「芸どころ名古屋」をキャッチコピーとして確立させることに大きな影響力を及ぼした藩主の存在も、じつは極めて重要なことであった。その藩主とは、尾張藩七代目藩主徳川宗春（一六九六―一七六四）である。この人は、八代将軍徳川吉宗（一六八四―一七五一）の時代、すなわち全国的に享保の改革が推し進められ質素倹約一辺倒のさなか、それに逆らって、芝居小屋や遊郭を市中に誘致するなど、人々の活発な経済活動を促すことを目指した。その著『温知政要《おんちせいよう》』によって、彼の思想・政治をうかがい知ることができる。

七代藩主・徳川宗春（『享保尾事』）

神社仏閣破損し、并《ならびに》道橋修復、或は其所々衰微し、
難儀に及びたる時、其願ひの品とくと聞届《ききとどけ》吟味のう

へ、様子によりて勧進能《かんじんのう》・相撲其外少々の見せ物など日をきりて免許し、亦は神社参詣の路地などには、諸人飢渇をしのぐが為に、相応の茶店、餅、豆腐の類売候《うりそうろう》場所をもゆるし置事《おくこと》也

また、「享元《きょうげん》絵巻《えまき》」によって当時の名古屋の繁栄をヴィジュアルに理解することができる。芝居小屋を表す櫓《やぐら》がそこかしこに確認できるように、現在とは比較にならぬ密度で芝居・見世物の興業がおこなわれていたことが伺える。横井也有《よこいやゆう》（一七〇二―一七八三）筆かと言われる『夢《ゆめ》の跡《あと》』は宗春時代の名古屋の町の様子を克明に描いているが、その中に次のような芝居小屋のリストがある。

芝居場所
若宮八幡宮　清寿院　飴屋町　稲荷社地　七面境内　西小路地隅　黄金薬師
山下新道　大須　富士見原　熱田　大泉寺　広小路神明　大乗院
赤塚神明　広井八幡　七ツ寺　来迎寺　橘町

幕府の厳しい締め付けの中、全国で彼ひとりが幕府に反抗し、尾張名古屋だけが、開放的かつ活発な経済繁栄を得た、そういう気概をもって存在感をもつことができたということは、近世史の中でも特筆すべきことであろう。ただ残念ながら、その後、その治世に弛《ゆる》みが出て藩政が傾き、かつ

吉宗によって蟄居《ちっきょ》を命じられたため、ついにその画期的な時代はわずか八年間余り（享保一五年〈一七三〇〉～元文四年〈一七三九〉）で潰えてしまう。この時代についての評価は、功罪両面が指摘されるものの、筆者は功の面を大いに評価したいと考えている。それは、先述のような現代の名古屋の状況を鑑みて、の評価であるが、それについては、後述する。

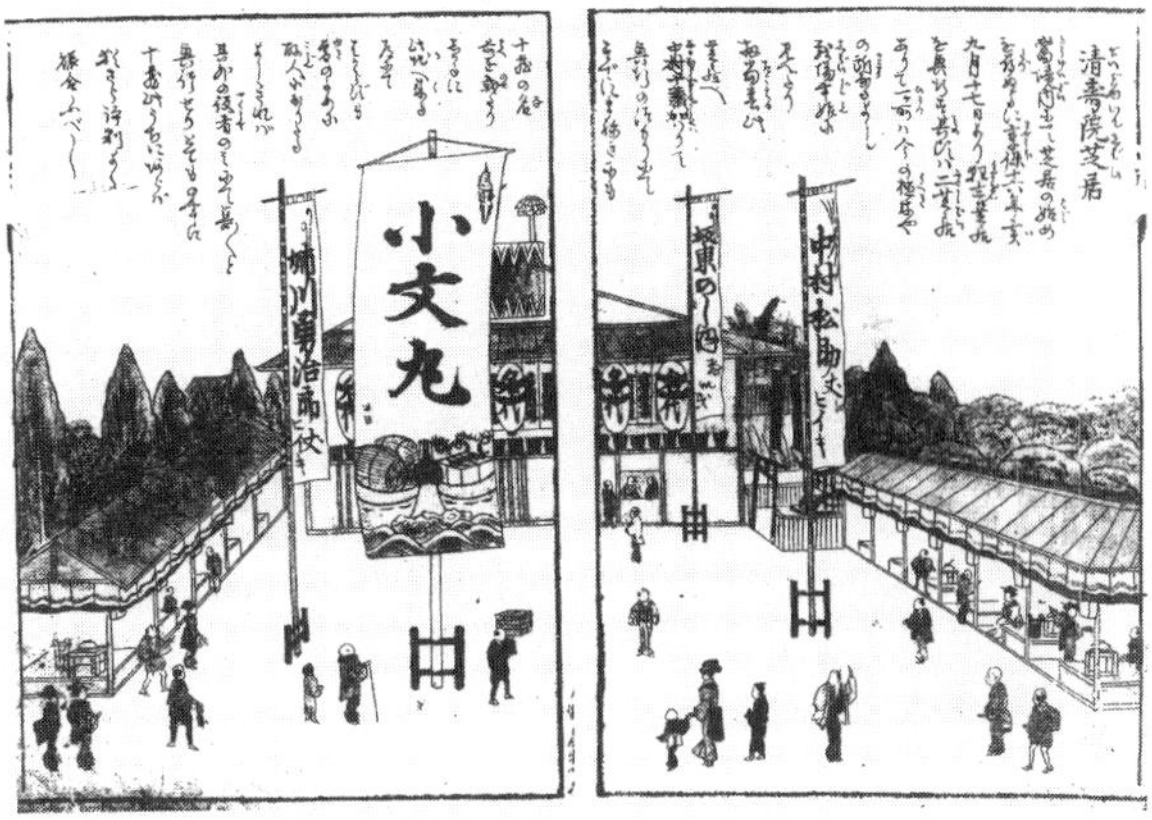

清壽院芝居（『名陽見聞図絵』天保３年）

脱・三英傑崇拝主義

宗春の再評価を提唱するにあたり、もうひとこと。戦後、名古屋のイベントとして企画され、現在も毎年多くの観客を動員している「名古屋まつり」の最大の呼び物は三英傑・三姫を核とする「郷土英傑行列」だと言われている。筆者は、この「三英傑」、すなわち信長・秀吉・家康にこだわり続ける名古屋人の感性に大いに疑問を持っている。彼らは戦国の世を統一しようと、それぞれの才能を発揮した時代のリーダーたちで、その三人が三人ともに名古屋・東海地方ゆかりの武将であったことに誇りを持つ気持ちは理解できる。だが、彼らはいずれも名古屋を天下統一の拠点にすることはなかった。つまり、三人とも名古屋を出て行った人たちでなので……それをいつまでも祭り上げているのは、よそ者である私には解せないのである。

むしろ、前述したように名古屋にいっとき日本一の繁栄をもたらした宗春の功績をもっと知り、「名古屋まつり」において大いに祭り上げるべきではないか、そう考えるのである。なぜなら、「名古屋まつり」の前身は江戸時代から戦前まで続いた名古屋の東照宮祭礼であったからであり、その東照宮祭礼が一時簡素化されていたのを享保一六年（一七三一）に復興したのが、ほかならぬ宗春だったからである。

確かに名古屋は芸どころであった！

「芸どころ」についての話に戻そう。

近代に入り、名古屋はものづくりの拠点としての地位を着々と築いた。須田寛氏は、そのものづくりをもって、新たな観光の展開を提唱されておられる（本書Ｐａｒｔ2参照）。それは、重要な指摘であると筆者も考える。

須田氏は、同時に、名古屋には実は歴史・文化の面でも観光資源が眠っているという指摘もされておられる。その点に関連して、私見を述べていきたい。

歌舞伎と名古屋の関係

「名古屋と観光」の授業では、先日亡くなられた一八代目中村勘三郎襲名披露公演の口上を学生達に見せることにしている。これは、平成一八年（二〇〇六）に名古屋市中村区の同朋高校体育館で行われた公演の映像である。その口上で勘三郎は、初代がこの名古屋中村の出身であることと、そのゆかりの地で襲名披露を行う意義について述べたのであった。これには、多くの学生が驚きをもったようである。名古屋が、そういう土地であったことに対し、何も知らなかったこと、および歌舞伎そのものにも全く縁がなかったことを反省することばが出席カードに多数見られたのである。

歌舞伎と言えば、その始祖は出雲の阿国《おくに》と名古屋山三《なごやさんざ》という夫婦であるとされる。『尾陽戯場事《びようぎじょうこと》始《はじめ》』には次のような記述がある。

此道当国に興業せし始を考ふるに、人皇百七代正親町《おおぎまち》院の御宇永禄四辛酉年、愛知郡熱田鷲峯山《だんぷせん》のほとりにて櫓をかまへ、彼の元祖山三郎が故郷なればとて、一座残らず此地に引越し、二ヶ月あまりも勤之、其時の狂言はやゝ子踊りといふもの、より申伝へ（後略）

名古屋山三は元亀三年（一五七二）尾張生まれの織田信長の縁戚でもある実在の人物であるから、永禄四年（一五六一）にはまだ生まれていないので、この記述そのものの信憑性には問題がある。また、『歌舞伎の草子』には、名古屋山三の亡霊が阿国と踊るという場面が描かれるが、これもこの書物のみにしか見られない内容であることから、歌舞伎の創始者としての伝承と実在の人物の歴史的事実とには齟齬があるのであるが、それはそれとして、名古屋山三という名前からも、なんらかの縁が名古屋と歌舞伎にはあるように感じられる。が、このような「歴史遺産」が、ほとんど現代の名古屋の人たちに意識されていないことに、筆者は逆に大いに驚かされた。

前述のように、宗春の時代に大いに盛んとなった歌舞伎芝居は、実は名古屋ではかなり早くから興行が盛んにおこなわれていたようである。そして、宗春失脚後数年は下火となるものの、まもなく再び活況を帯びるようになり、江戸・京・大坂に劣らぬ賑わいを見せていた。とくに、文政年間以降は東海道の要衝でもあることも手伝い、東西の歌舞伎役者が名古屋に来て興行し、どこにも見られぬ東西の刺激的な舞台が展開するようになったのである。すなわち、ほぼ江戸時代全体を通して、名古屋では歌舞伎芝居の興行が盛んであったと言えるのである。

独自の芸能世界を形成

それは、たとえば『元禄御畳奉行の日記』（神坂次郎著、中公新書、一九八四年）で一躍有名となった尾張藩士朝日文左衛門重章（一六七四―一七一八）が遺した「鸚鵡籠中記《おうむろうちゅうき》」や猿猴庵高力種信《えんこうあんこうりきたねのぶ》（一七五六―一八三二）の「金玉集《きんぎょくしゅう》」のような武家日記、あるいは芝居番付などによって把握することができる。

また、それらの史料によれば、町中の芝居・見世物だけではなく、名古屋城内で連日のように演じられた能・狂言などの様子も記されているので、近世名古屋における芸能の有り様が詳細に把握できる。そこから見えるのは、確かに名古屋は「芸どころ」であった、という事実である。それは、江戸や京・大坂の影響を受けながらも、独自の芸能の世界を形成していたことの証しでもあった。また、江戸時代末期から明治十年代まで舞台を務めた歌舞伎役者三代目中村仲蔵（一八〇九―一八八六）がその自叙伝「手前味噌」で記したように、名古屋の観客は芝居を観る眼が肥えているという評判が定着したことからも、「芸どころ」名古屋は、興行する側のみならず、芸能を支援する人々や観客をも含んだレベルにおいて、全国にその存在感を誇っていたと言っても良いであろう。

ただ、その事実が今の名古屋に住む人々にはほとんど知られていない。たとえば二〇一一年度の名古屋市博物館の企画展「狂言でござる」は、尾張藩の保護の下、山脇流、のちに和泉流となる狂言の家の歴史が明らかにされ、大変興味深い展示であった。が、多くの市民の関心を集めるのは難しかったようである。この展示においても名前がたびたび登場した伊勢門水《いせもんすい》（一八五九―一九三二）のような風流洒落人が名古屋の芸能を支えてきたという歴史、そしてそうした類の人物の存在そのものが、過去のものとなってしまったのは「芸どころ名古屋」にとっては大変残念なことである。

芸どころ名古屋はどこに消えた？

近代以降、そうした独特の歴史と地の利を活かした芝居興行などはすっかり廃れ、現代に至っては、ほとんど東京で作られた舞台の引っ越し興行のみ、というのが現状である。冒頭に記したように、その興行の拠点たる御園座の閉館という現実は、「芸どころ名古屋」の衰退を象徴しているように見える。一日も早い御園座再建・再開場が望まれるところである。伝統芸能の分野で名古屋から発信をし続けているのは、日本舞踊西川流の「名古屋をどり」のみといっても過言ではないのである。

芸どころ衰退をうながした〝名古屋人気質〟

かかる状況になってしまったのはなぜか？

原因はいろいろあると考えられるが、筆者はもっとも大きな原因は名古屋人の気質にあると感じている。

宗春の失脚以降、中央に逆らうことをやめ、質素堅実に生きることを生活スタイルとして選んだ名古屋の人たちは、近代以降もそのスタイルを守り続けた結果、夜の外出やいわゆる文化的なものへの支出の節約を旨としてきたようである。その結果、しばらく前から、いわゆる「名古屋飛ばし」という状況が音楽や演劇の世界ではごく当たり前になってしまっている。名古屋で公演しても採算が合わないからである。これは、名古屋人にとっては、自ら招いたこととはいえ、不幸なことである。

たとえば、二一年前に愛知県芸術劇場が開設され、日本一といってもよい設備を誇る本格的オペラハウス（大ホール）ができあがった。そのこけら落としにはバイエルン国立歌劇場の引っ越し公演が行われたのであるが、全国からオペラファンが名古屋にやってきて、大いに話題になった。が、その後は、世界的な歌劇場の引っ越し公演はことごとく名古屋を素通りし、比較的チケット代を低く設定できる公演が時々行われるのみで、このオペラハウスの年間の利用状況は演歌歌手のコンサートなどに貸し館として使われる方が圧倒的に多いのである。ありていに申せば、宝の持ち腐れである。これは、箱物行政の最たるもので、このオペラハウスを拠点に、名古屋発の日本のオペラ創造を、といったアイデアがどこからも出されなかったのか、実行できなかったのか、とにかく新しい形の「芸どころ名古屋」をアピールできるチャンスをみすみす逃してしまったのである。

愛知県が巨大な芸術センターを建設したのに対し、名古屋市は各区に三五〇人程度を収容できる小劇場を造るという全国的にも珍しい計画を立案し、現在一三館運営している。これは一般市民の文化活動を支援する身近な施設として注目すべきものであるが、同規格のホールを各区に同じように建設しても仕方ないのではないか、といった市民の意見や財政上の問題もあり、途中から特色を持つ小劇場をいくつか建設したところで、全区に建設する計画はストップしている。

これなども、計画段階で市民レベルでの「芸どころ」再生の地域拠点づくりと位置付けていれば、もっと違った展開ができたのではないかと思われる。箱物も一種のものづくりである。その得意分野と中身、ソフト開発とがリンクできないところが、名古屋の最大の弱みであると筆者は考える。

「まるで海岸で芝居してるやうだな」

同じようなことが、商業演劇の世界にも、すでに戦前に指摘されていた。筆者は、戦前の演劇や伝統芸能の記録を自分の研究の一環として博捜しているが、戦前に大いに活躍した喜劇役者古川ロッパ（一九〇三—一九六一）の日記は、演劇人自らの生の声が聴ける、極めて興味深く貴重な資料である。そこには、昭和一〇年代の何度かの名古屋公演についての評価が見えるのであるが、歯に衣着せぬ評価は、今でも一聴に値する。たとえば、こんな具合である。

昼の入りは心配してた通り初め三分、半頃からは五分の入りとなった。名古屋といふ土地柄、何を出したって昼を満員には出来ないらしい。……夜は、何とか時計店の貸切で、満員ではあ

るが、ジャリ多くザワザワして、「まるで海岸で芝居してるやうだな」と言ったもの。（昭和一一年四月一五日）

やっぱり昼はいけない、五六分ってとこらしい。が、昨夜の貸切りの客にひきかえて、よくカンドコロを外さず笑ふ。……

夜の部、いやな客で、「凸凹ロマンス」だけは分るらしいがあと二つはまるで笑いがカンドコロを外れてゐる。（同四月一六日）

よく言われるように、「芸どころ」ということばが、実は、名古屋の観衆は芸が理解できないから、どこで笑っていいのかわからない、その名古屋の観衆に受けることができたら、全国どこにいっても通用する、という別解釈をもつことを思い起こさせるのである。

おわりに――おもてなし（ホスピタリティ）意識を観光に

かなり辛辣なことを連ねてきたが、さらに付け加えてこの小論の結論につなげたい。

そもそも名古屋人たちは、そんなにあれこれがんばってまで他所から人に来てもらおう、という意識を持ち合わせていないのではないか。これも授業中に何度も指摘したことであるが、名古屋は自己完結型社会であると思うのである。なんでも揃っているし、何不自由なく暮らせる、他所に行く必要性も特に感じないし、外から人に来てもらう必要もない、そういう意識で暮らしているように、よそ者には見えるのである。

結果、自分たちが持つ歴史遺産も知らず、名古屋から発信しようという意識も持たず、よそ者を受け入れることにも消極的ということで、せっかくの「芸どころ」と言われた評価を自ら放棄してしまっていると筆者は考えている。

名古屋を観光で盛り上げよう、観光都市の仲間入りを目指そうというのであれば、まずは宗春の時代を検証し、「芸どころ」の評価を取り戻し、名古屋から発信できる文化的・芸術的ソフトを開発すること、そして、ホスピタリティ（おもてなし）の気持ちを名古屋人みずから意識的に持つことが必須であると、筆者は考える。

数年前から名古屋観光において大きな話題を提供してきた「名古屋おもてなし武将隊」が、その名前に「おもてなし」を冠したことは、名古屋観光にホスピタリティが不足しているという認識を踏まえてのものだったのかどうかは判然としないが、結果としておもてなしの心の必要性を市民に感じさせたことは大きな成果であったと考える。名古屋城本丸御殿復元など、名古屋観光にも新たなポイントが加わったことでもあり、いよいよソフトの開発に力を入れるべき時に来ているのである。

河村父子と河村文庫

原口耕一郎

江戸時代、名古屋は日本でも有数の学芸がさかんな土地であった。江戸や京、大坂と並び書肆《しょし》もあり、出版事業も行われていた。この時代には国学が隆盛し、また中国における古典研究の進展の影響もあり、日本でも自国の古典に対する研究が大いに行われた。そのような中で活躍したのが河村秀根《ひでね》・益根《ますね》父子である。

河村家は尾張徳川家に仕えた藩士の家系であり、秀根の実兄である秀穎《ひでかい》は尾張藩の書物奉行を勤めた学問の家でもあった。その遠祖は相模国足柄郡河村(神奈川県西部)の出だという。秀根は享保八年(一七二三)生まれ、通称は復太郎、葎庵《りつあん》と号した。はじめ神道学を志し、のちに古典研究へ転じた。また俳諧、和歌、雅楽なども学んだという。寛政四年(一七九二)に死去する。秀根の長男である殷根《しげね》は幼くしてその学才を称えられたというが、早逝してしまう。秀根の志を受け継いだのは次男の益根であった。益根は国学だけではなく漢学(儒学を中心とした中国古典学)や中国古典文献の研究法を学び、父の事業を支えた。

名古屋市図書館(鶴舞中央図書館)には「河村文庫」があり、秀根・益根父子および秀穎の著書や蔵書が収められている。蔵書は和漢の文学作品や歴史書、儒教や仏教の書物、法律書などである。また古代への関心が高かったようで、著書には奈良時代の『万葉集』や平安時代の法律書である『延喜式《えんぎしき》』についての研究もある。残念ながら河村文庫は空襲により大半を焼失したが、それでも戦災をまぬがれ今日まで伝えられるものは、江戸時代の学術研究の水準の高さをわれわれに示してくれる。

河村父子の業績でもっとも知られているものは、『日本書紀』の注釈書である『書紀集解《しっかい》』であろう。父子とほぼ同時代、伊勢には本居宣長がおり、『古事記』の注釈書である『古事記伝』を著した。宣長の『古事記伝』が『古事記』研究における〝現役〟として現在でも参照され続けているように、父子の『書紀集解』は『日本書紀』研究の金字塔として現在でも参照される、いわば「古典研究の古典」である。奈良時代から平安時代前半にかけて古代国家は、『日本書紀』『続日本紀《しょくにほんぎ》』『日本後紀』『続日本後紀』『日本文徳《もんとく》天皇実録』『日本三代実録』の六つの歴史書を編纂した。これを「六国史《りっこくし》」と通称するが、父子は六国史すべての注釈書を作成することを目指す。しかし完成し出版されたのは『書紀集解』のみであり、他の五国史分は未完成で刊行されていない。これらの原稿は河村文庫に現存する。『日本書紀』は中国風の歴史書

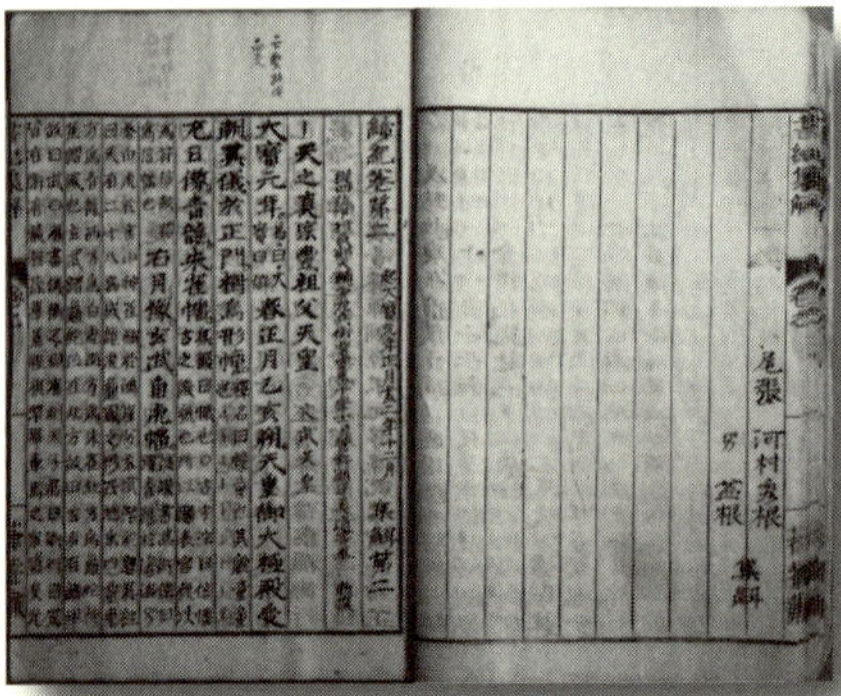
名古屋市図書館河村文庫蔵『続紀集解』

であり、中国古典語である漢文で書かれている。中国では古典に対して学者が注釈を施す際に、語句や文章の典拠を示し、その語意／文意を明らかにするが、父子の注釈態度もこれに倣ったものであり、中国古典学を学んだ益根の学識がいかんなく発揮されている。実は六国史に対する父子の業績は、多くを益根に拠っていると考えられている。

さて、ここでは『日本書紀』に続く「正史」（ここでは国家が編纂した歴史書）である『続日本紀』に対して父子が注釈を施した『続紀集解《しょっきしっかい》』を紹介したい。写真は『続紀集解』第二巻の冒頭部分で、『続日本紀』第二巻への注釈である。『続紀集解』は全四〇巻、『続日本紀』自体が全四〇巻なのでこれに合わせたのであろう。用紙は『書紀集解』作成時のものを流用したようで、左端に「書紀集解」「律庵蔵」など文字の右半分が確認できる。太字一行の文章が『続日本紀』本文で、その下に細字二行で記されたのが『続紀集解』による注釈。これは中国の古典研究のスタイルを模倣したものである。ここでは『釈名《しゃくみょう》』（漢代の字書）、『集韻《しゅういん》』（北宋の発音事典）、『後漢書《ごかんじょ》』（後漢についての歴史書）、『唐書《とうじょ》』（唐についての歴史書）などの中国

書を用いているが、このようにして『続紀集解』は語句や文章の意義や典拠についての注釈を行う。例えば『続日本紀』の文章に「〇〇」という語句が出てくるが、これは中国古典にも「△△」という意味で使われている。だからここでの「〇〇」という語句も「△△」という意味で解釈できる。このように注釈を行っている。

六国史は漢文で書かれているが、漢文には儒教の聖典などに登場する先哲の言葉を踏まえて書くというルールがある。したがって漢文で書かれた文章を読解するためには、父子のような作業が必須であり、古典研究の基礎となる。基本に忠実であったことが父子の成功を約束したといえようか。

先にも述べた通り、『続紀集解』は未完成なので一度も刊行されたことがない。しかし、『続日本紀』や奈良時代史の研究、ひいては江戸時代の学術の研究にきわめて有用なものであるため、何らかのかたちでの公刊あるいは公開を期待したい。

参考文献

阿部秋生［あべ・あきお］（一九四二）『増訂復刻　河村秀根』（『河村秀根』増訂復刻版刊行会、二〇〇二年。原著は三省堂より一九四二年刊）。
阿部秋生［あべ・あきお］（一九六九）「書紀集解解題」『書紀集解　一』臨川書店。
田中卓［たなか・たかし］（一九五四）「続紀集解」（続日本紀研究会編『続日本紀研究』第一巻第二号）。
村上明子［むらかみ・あきこ］（一九五七）「続紀集解について」（続日本紀研究会編『続日本紀研究』第四巻第四号）。

名古屋の文学
──俳人・馬場駿吉の見た名古屋

谷口　幸代

はじめに──観光資源としての文学の可能性──

観光資源として考えた場合、名古屋の文学はどのような可能性を秘めているだろうか。

名古屋といえば、ものづくり産業のイメージが先行し、文学との関わりは残念ながら一般的には印象が薄いと言わざるを得ない。この点に関しては、都市名古屋が発信する記号を読み解く藤井康生『名古屋を読む──比較都市論』（風媒社、一九九二・九）が、名古屋を舞台にした文学、芝居、映画、歌謡曲で全国に通用するものが存在しないことを指摘し、「人口二〇〇万を超える都市の在り様としては誠に不思議であり、むしろその理由を分析したい意欲にかきたてられる」（一三頁）と述べているほどである。たしかに、名古屋を舞台に据えた作品で、かつ人口に膾炙した名作を挙げるとなると難しく、このような見方が示されるのも頷けるところかもしれない。

しかしながら、では、名古屋は文学と無縁の地であったかといえば、決してそうではない。二〇一三年、名古屋市鶴舞中央図書館で「名古屋物語～名古屋ゆかりの文学者とその作品」（六月二三日～九月一九日）をテーマに、文学に描かれた名古屋、あるいは文学者にとっての名古屋をめぐって展示が行われたように、俳聖松尾芭蕉が新しい句境に到達した蕉風発祥の地とされる名古屋は、坪内逍遙や二葉亭四迷ら近代文学の成立に重要な役割を果たした文学者を輩出したことでも知られる。

名古屋ゆかりの現代作家たち

その後も、たとえば、江戸川乱歩や小酒井不木は推理小説を、城山三郎は経済小説を、というように、名古屋ゆかりの作家たちは新しいジャンルを文学の世界に切り拓いた。特にミステリーでは森博嗣、太田忠司ら名古屋在住作家の系譜が続き、彼らの作品では名古屋、あるいは名古屋を連想させる「那古野」が舞台にされている。また『蕎麦ときしめん』（講談社、一九八六・一一）の清水義範のように名古屋を描くことそれ自体をテーマに据えた作家も登場した。中村文則（「土の中の子供」で第一三三回芥川賞）や諏訪哲史（「アサッテの人」で第五〇回群像新人文学賞・第一三七回芥川賞）ら、この地域にゆかりの新進作家による文学賞受賞のニュースが相次ぎ、雑誌『すばる』二〇〇八年一月号で「「ナゴヤ文学革命」、始まる？」といった特集が組まれたことも記憶にまだ新しい。

二〇一二年に映画化された『グッモー・エビアン』（新潮社、二〇〇六・四）の吉川トリコ、同年の本屋大賞で三位になった『ピエタ』（ポプラ社、二〇一一・二）の大島真寿美らも諏訪と同じく名古屋在住の作家として創作を続けている。出身者・在住者以外に目を向けてみても、『東京するめクラブ　地球のはぐれ方』（文藝春秋、二〇〇四・一一）に異色の名古屋探訪記を発表していた村上春樹は、発売後一週間で発行部数が百万部を突破したと話題になった新作『色彩を持たない多崎つくると、彼の巡礼の年』（同前、二〇一三・四）で主人公多崎つくるとその同級生の出身地にほかならぬ名古屋を選んだ。

このように試みにいくつかの事例を列挙するだけでも、名古屋における文学的土壌の豊かさを確めることができるが、前述のように一般的にはそのようなイメージは薄く、ましてや殊更に観光資源としてとらえられることもなかったようだ。しかし、それは換言すれば、それだけ様々な可能性を秘めているということではないだろうか。

「文化のみち　二葉館」

名古屋で文学館の役割を果たす施設としては、日本の女優第一号の川上貞奴と電力王といわれた福沢桃介が暮らした「文化のみち　二葉館」が、名古屋ゆかりの文学に関する資料の保存と展示につとめており、二階には城山三郎の書斎が復元されている。

同館は観光ルートバス「メーグル」のルートに含められており、同館を軸に文学をめぐる観光振興がさらに展開することがまずは期待される。そのためには、文学資源の掘り起こしという基礎的な作業とその継続が重要になることは当然だろうが、それとともに個別の施設をより広い視野で活かす方策も模索することになると思われる。その意味で、司馬遼太郎の「坂の上の雲」をテーマとした松山市の「坂の上の雲ミュージアム」や太宰治のふるさとである、青森県金木町の「太宰ミュージアム」、堺市の「与謝野晶子フィールドミュージアム」などのように、まちそのものを文学資源を軸とした「フィールドミュージアム」ととらえ、その地域ならではの物語性や文化性の発信を通して、観光とまちづくりの推進をめざす他地域の動向にも注意を払う必要もあるだろう。

以上のような考えのもと、以下では、俳人・馬場駿吉の文業に光を当て、彼の見た名古屋を考えることを通して、名古屋の文学とその物語性の可能性を検討する一助としたい。

俳句の再発見の場として

馬場駿吉は名古屋を拠点に、医学、俳句、評論、エッセイと、分野横断的な活動を続けてきた。彼は一九三二年に開業医であった父の長男として当地に生まれ、名古屋市立大学医学部で学んだ後

（一九五七年卒）、インターン、研究員、助手、助教授を経て、一九七六年六月から一九九八年三月まで同大学医学部教授として勤務した。その間、一九九一年四月から一九九五年三月まで同大学付属病院長を兼任した。専攻は耳鼻咽喉科学で、特に感染症・アレルギーの治療および耳介形成術の改良に関する研究で知られる。

こうした医学者としての活動に加えて、両親の影響から、中学時代より高浜虚子の高弟の一人である橋本鶏二に師事して句作を続けてきた。橋本鶏二は三重県伊賀に生まれ、俳誌『年輪』を主宰した俳人である。馬場は大学進学後、本格的に句作に励むようになり、『ホトトギス』に投句したり、橋本が若手俳人の育成のために組織した句会グループ「青雲会」に加わったりして研鑽を積んだ。『ホトトギス』（七五〇号、一九五九・六）の雑詠選で巻頭を得たことは特筆に価する。一九五七年に年輪賞、五九年に四誌連合会賞を受賞した。句集では、第一句集『断面』（装画・駒井哲郎、昭森社、一九六四・一一）から『薔薇色地獄』（湯川書房、一九七六・一二）、『夢中夢』（栞・武満徹、吉増剛造、装画・装幀・加納光於、書肆風の薔薇、一九八四・九）、日伊対訳の『海馬の夢　ヴェネツィア百句』（訳・ルイジ・チェラントラ、装画・北川健次、装幀・高麗隆彦、深夜叢書社、一九九九・一〇）、『耳海岸』（装画・加納光於、装幀・菊地信義、書肆山田、二〇〇六・四）まで、二〇一三年二月現在で五冊が世に出されている。

また、一九六〇年代以降、瀧口修造、駒井哲郎、加納光於、荒川修作、河原温、桑山忠明ら、現

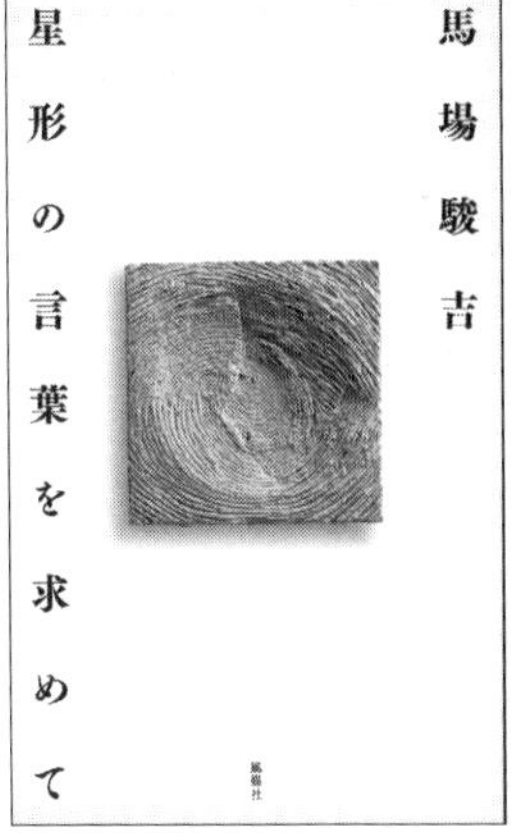

『星形の言葉を求めて』
風媒社刊、2010年

代芸術の新しい地平を切り拓く前衛的な芸術家たちと親しく交友を結び、評論家としての活動が始まった。芸術と同時代に生きる人間の意識の深層を結びつける地点に立ちながら、緊密で詩的な表現で芸術の新しい動向を論じてきた。評論集に、『液晶の虹彩』（装画・装幀・加納光於、書肆山田、一九八四・六）、『サイクロラマの木霊　名古屋発・芸術時評一九九四―一九九八』（装画・中西夏之、小沢書店、一九九八・三）、『時の晶相　一九六〇―七〇年代の芸術家たちの私的交友』（装画・加納光於、装幀・菊地信義、水声社、二〇〇五・二）、『星形の言葉を求めて』（飾絵・原裕治、装幀・夫馬孝、風媒社、二〇一〇・五）がある。これらの評論集の多くは前掲の句集がそうであるように加納や駒井が装画を手掛け、本を一つのオブジェと見る著者の考えを具現化したものとなっている。

以上の芸術文化面での功績から、名古屋市立大学定年後は、名古屋演劇ペンクラブ理事長、名古屋市美術館参与、名古屋市文化振興事業団副理事長、愛知県芸術文化選奨選考委員長、豊田市美術館運営協議会会長等を歴任した他、二〇〇六年からはアメリカのボストン美術館の姉妹館である名古屋ボストン美術館の館長をつとめ、文字通り名古屋の文化を牽引している。名古屋ボストン美術館の運営にあたっては様々な改革を実施し、その結果、二〇〇九年春の創立一〇周年記念の「ゴーギャン展」（四月一八日～六月二二日）では、日本初公開となった代表作「我々はどこから来たのか　我々は何者か　我々はどこへ行くのか」を含めた展覧会が実現し、一五万人を超える人々が来館した。それは美術館の総合力によるものだと馬場は言うが、とくにその意を汲んだ学芸部、広報部などの活性化が大きな原動力になったのだろう。以上の多方面にわたる貢献により、二〇〇六年に名古屋市芸術賞特賞、二〇〇七年に愛知県知事表彰、二〇〇八年に文部科学大臣表彰をそれぞれ受けている。

前衛芸術家の出会いの場

では、名古屋を拠点として活動する馬場のエッセイの中で、名古屋はどのような場として語られているだろうか。

『液晶の虹彩』等で、駒井哲郎の作品との出会いの場であったことが繰り返し熱く語られる。前述のように馬場は一九六〇年代より同時代の前衛的な美術家たちと交流を深め、それが芸術評論の分野に進むことにつながった。中でも「本格的な意味での〈美術〉との最初の出遭い」（「夢想の質量」『液晶の虹彩』所収四二頁、初出『駒井哲郎遺作展カタログ』バルール画廊、一九七七・四）だったと特別な意味が与えられているのが、駒井哲郎の銅版画との出会いであり、それは名古屋で果たされた。一九六一年一月二一日、愛知県美術館の「駒井哲郎作品展」でのことである。「芸術作品を自分自身の存在に照らして見たという実感」（同前、四二〜四三頁）を得たという。その実感は、それまでの展覧会で体験したものとは全く違うものだった。

この体験に続いて同じ年の初夏に名古屋市の「S画廊」（同前、四三頁、サカエ画廊）で駒井の銅版作品と再会し、当時、俳句に青春をかけることに疑念をいだいていた馬場は、限られた画面の中に黒と白の諧調のみで奥深い世界を拓くことができる銅版画から短詩型文学の可能性を再発見することになった（同前、四四頁）。つまり、馬場のエッセイの中で、名古屋は、美術と文学というジャンルの違いを超えて創造への意志を再び獲得する場として語られているのである。

美術と文学の交響

以後、馬場は超結社の立場を貫きながら、孤高の俳人として創作活動を続けることになるが、この名古屋における体験を期に馬場の俳句は新たな境地に向かったように思われる。第一句集『断面』はその過程を窺うことができる。この句集は跋文によれば少年時代から一九六二年秋までの三四九句を収める。「萌芽」（一九五六年まで）「未明の蟬」（一九五七年）「天龍」（一九五八年）「無名」（一九五九年）「背後の扉」（一九六〇年）「途上」（一九六一年）「断面」（一九六二年）というように成立年代の順に従った七部構成をとる。たとえば「天龍」の一句「廊下冬日学の白衣に兎の血」に見られるような透徹した観察と凝縮した表現は全体を通じて一貫している。そのいっぽうで「途上」に入ると、駒井哲郎の銅版画「束の間の幻影」を入手した喜びと興奮を率直に詠んだ三句―「汗も拭かず見てをりし画をつひに買ふ」「葡萄甘しわが買ひし画は小さけれど」「胡桃割る画を買ひし夜は頰熱く」―があり、さらにそれを受ける形で、「断面」で、上京し駒井のもとを訪れた時の句―「画家を訪ふ鋭き春星に導かれ」「詩が話題春夜の赤き椅子に画家」「春蚊とぶ画室銅版夜を光り」「画家定住芝生の彼方果樹芽吹き」―が並ぶ。これらによって美術と文学との交響からの新しい句境の到来が告げられる。

新しい句境の到来を端的に伝えるのが、同じ「断面」の、銅版画を詠んだもう一つの句である。

憂愁の夜が来る薔薇と銅版画

この句の後には以下に挙げる六句が続いており、薔薇をモチーフとした七句の中の一句として配置されている。

詩は刻《とき》の断面薔薇の棘光る
薔薇冷えて鏡中に夜の刻すすむ
薔薇の香に稿つぐ真夜の飢すこし
薔薇咲きつぐ朝の證《あかし》のパン真白

廊を来る鬱病患者薔薇に雨
二十代最後の薔薇の季節過ぐ

特に前書きは付けられてはいないものの、七句を一つのまとまりとしてとらえれば、個々の句が「刻の断面」を鮮やかに示しながら、「憂愁の夜」から朝へという時の移ろいが表され、そこに年齢、季節という時の移ろいが重ねられていく。

馬場はこの句集を「自己に飛躍の決意を迫る跳躍台」（『断面』二三三頁）として上梓したと述べている。翌年に馬場が創刊した同人誌『点』は、その意味で『断面』という「跳躍台」を経た飛躍を示すものとなる。第一号（一九六五年一一月）は、同人の他に武満徹、大岡信、塚本邦雄が寄稿し、また表紙とカットは加納光於による。同号に馬場は「日曜日とイライラと個性と」と題した散文と「四季を流すものへの讃歌」と題した三〇句を発表した。前者では、電車の車内の広告や駅のプラットホームの様子など、ある日曜日の風景の饒舌さへの驚きと、俳句の限られた音数に対する苛立ちや欲求不満、さらには個性を失った現代俳句への批判を語りながら、それでも十七音詩型の可能性を信じるがゆえに、徹底して「欲求不満の火だるま」（一九～二〇頁）にならねばならないと禁欲的なまでに自己を律する。とすれば、同じ号に発表された「四季を流すものへの讃歌」はこの馬場の思いが実作として示されたものとなる。三〇句の中に、『断面』に続いて、次のような薔薇の句が詠まれているのが注目される。

散るは白薔薇刻《とき》の柩の砂時計
悪液質《カヘキシイ》の冬薔薇黒衣喪に非ず
手の影薔薇へ墜落友の喪の畢《おはり》

一句目で散っていく白薔薇の花びらが砂時計の落ちていく砂に重ねられ、それが「刻の柩」と表現される。ここには『断面』における薔薇七句から継続する視点と方法が窺えるだろう。二句目では艶を失った薔薇が「悪液質」という医学用語を与えられることによって病んだ身体を獲得し、三句目では、薔薇に手の影が落ちる瞬間的映像を通して友の死の影が二重写しにされる。このような薔薇の句の中に置かれた次の句は直接的には薔薇を詠んだ句ではないが、牡蠣を消化する胃粘膜襞を「薔薇色地獄」とし、この鮮烈で官能的な比喩は他の薔薇の句のイメージの喚起力と共鳴する。

若き胃の薔薇色地獄牡蠣沈む

なお、この句は第二句集『薔薇色地獄』に収められ、題名もこの句による。
その後の薔薇の句のゆくえをたどってみると、『点』第三号（一九六七年四月）に「薔薇の首狩りせし懲罰のシャワー浴ぶ」、第四号（一九七二年七月）に「薔薇を剪る夢にて人を殺《あや》めし手」の二句がある。また句集にも、『薔薇色地獄』に「逆吊りの薔薇の骸《なきがら》ランボオ忌」「仮死の薔薇もつ手も愉楽伝導路」、『夢中夢』に「人形を薔薇責め不良少女の忌」「胸の薔薇深紅悪意の磁場の中」、『海馬の夢』に「サド全集積めば古塔や薔薇の昼」「誰がための葬鐘不死鳥座に薔薇に」、『耳海岸』に「巴里ジュネ死後薔薇売る車薔薇を轢き」「ヴェネツィアと時差七時間薔薇に露」といった一連の句が収められている。このようないわば薔薇の幻視の俳人としての馬場の軌跡を可能にしたのが、名古屋での駒井作品との出会いを通した俳句再発見という体験であったことをもう一度確かめておきたい。

文化交流都市として

馬場は名古屋が「蕉風発祥の地」であることにふれ、「三百二十年前の名古屋は、最先端の文化発信地だったことを私たちは思い返すべきだろう」（『星形の言葉を求めて』、七七頁）と述べている。これは二〇〇四年に『月刊なごや』に掲載された「芭蕉と名古屋」の中の一文である。こうした文化交流都市としての名古屋への思いは七〇年代から馬場が一貫して語ってきたことでもある。

名古屋独自の芸術創造活動は…

たとえば、一九八一年には名古屋に次第に新しいものを受容する兆しが見受けられると認めるいっぽう、次に引くように、名古屋独自の芸術を生み出す創造的力の欠如に目を向ける。これは文化都市としての名古屋に対する期待の裏返しととらえられよう。

しかし、芸術創造活動に関して言うかぎりでは、何かもう一つ踏ん切りのつかない、パワーのなさが気になるところだ。

名古屋を中心とした中部圏の若い芸術家たちが、さかんな好奇心を燃やして、東京よりも、ニューヨークよりも新しく独自なものを、この土地から生み出そうという強烈な意欲を示してくれることに期待をかけたい。

（「詩人瀧口修造の好奇心」『星形の言葉を求めて』所収、一六四頁）

同じように、馬場はこの前年には、名古屋で一流の芸術にふれる機会が増えた喜びを記したエッセイで、「真の文化」とは、「甘受ばかりではなく、それを創り出す力によって支えられている」ことを忘れてはならないと厳しい戒めの言葉を書き添えていた（「文化―甘受から創造へ」『星形の言葉を求めて』所収、一八三頁、初出『毎日新聞』一九八〇・五・二〇夕刊）。これらの発言には、受容と創造、双方のバランスがとれて初めて名古屋は真の文化交流都市となると主張する姿勢が明確に示されている。

このような馬場の名古屋の文化状況に対する見解は、彼の荒川修作論において、名古屋が生んだこの前衛美術家の創造との関わりという点からさらに掘り下げられる。馬場が荒川の作品と初めて出会ったのは、一九六一年一月、東京の夢土画廊での個展だった。上京した折に立ち寄った画廊で、のちに「棺桶シリーズ」と呼ばれるようになるオブジェを見て、戦慄にも似た感覚を覚えたという（『時の晶相』二三九頁、『液晶の虹彩』六二頁、七〇頁）。「棺桶シリーズ」は一九五八年から六一年に荒川が渡米するまで制作された一連の立体作品で、棺桶型の木箱の中に木屑を包んだ布が敷かれ、その上に鉄製の物体を包んだ不気味な形状のセメントの塊が置かれている。馬場は、この時の衝撃を振り返り、自身が現代美術へ傾斜する大きな契機となった出来事だったと位置付けている（『液晶の虹彩』七〇頁）。

馬場駿吉氏
2008年、故・澁澤龍彥氏の書斎にて

その後、一九七七年に名古屋のバルール画廊（後にアキラ・イケダギャラリーと改称）で荒川修作展が開催され、そのカタログに執筆した「非網膜的絵画への突進」（『液晶の虹彩』所収）が馬場にとって初めての荒川修作論となる。ここで馬場は、荒川の「可視の領域から不可視の領域への勇敢な踏査」（『液晶の虹彩』六五頁）の足跡を、網膜にとどまる絵画に対するマルセル・デュシャンの批判への共鳴とそこからの解放という観点から解き、この荒川修作の前衛性に名古屋の景観を重ね合わせる。とはいっても、それは作家とその出身地とを短絡的に結び付けようとしたものなどではない。馬場は、荒川と名古屋の関係について、一九三七年に名古屋市瑞穂区雁道町に生まれ、県立旭丘高校の美術課程で学んだものの、荒川が美術家としての活動の場としたのは主に東京やニューヨークであり、前衛芸術の旗手として知られる荒川の作風からしても、名古屋の保守的な土地柄とは遠い位置にいる作家とみなされることをまず記している。そのうえで、遠い位置関係にあるはずの名古屋の都市景観と荒川の創作との奇妙な照応が次のように発見される。

それにもかかわらず、広大な道路を縦横に通した近年の名古屋の風景の中から、荒川の青い図面のような作品が浮かんでくるのを私は時々経験する。戦災で焦土と化した街の再建にあたって、過去の都市像を抹消し、新しい都市像が線と記号で図面に書き込まれて行った頃の名古屋を荒川は少年時代に体験しているはずである。それをあえて現在の荒川の仕事に結びつけようとするわけではないが、都市形態としては極めてクールな一面をもつ名古屋の今日の姿が、不思議に彼の仕事に照応するものをもっていることを感ずるのは私ひとりの独断であろうか。
（『液晶の虹彩』六六頁）

馬場は、このような名古屋の都市景観と荒川の創作を重ねる独自の見方を示し、ここから翻って、では名古屋という都市空間に、荒川が提唱する芸術、哲学、科学などのネットワークがあるかと改めて自他に向けて問い直す。その問いに十分な答えを提出できない名古屋の現状を鑑み、その地で開かれた展覧会であるからこそ、荒川の作品展が名古屋の「眠れる知識人たちの非網膜的思考を活性化させる一つの引金であって欲しい」（『液晶の虹彩』、六七頁）と願いを述べることで、自身初となる荒川修作論を結んでいる。

荒川修作と名古屋

馬場は、これに続いて、一九七九年に荒川の個展が西武美術館（当時）、国立国際美術館、兵庫県立近代美術館でほぼ同時期に開催された際に、「荒川修作の画業─共同体的存在思考の世界」と題する批評を『毎日新聞』に寄せた（七月一九日夕刊、五面）。この時、荒川は一八年ぶりの帰国を果たした。名古屋にも帰省し、河合塾美術研究所での学生や一般の美術愛好家との対話集会ではニューヨークから見た日本の文化状況への辛辣な意見が披露された。その場に同席した毎日新聞記者より依頼を受けて馬場が執筆したのが、この「荒川修作の画業―共同体的存在思考の世界」である（『時の晶相』二四〇頁）。

この中で馬場は荒川の作品の意義について、創作者と鑑賞者の共同意識を覚醒させ、新しい存在認識へと向かわせるものと解き明かす。ついで、荒川が名古屋の文化状況の変革のために労をとることを厭わないと発言したことを引きながら、その変革の主役は「われわれ名古屋定住者」でなければならないと読者に向けて意識改革を呼びかけ、その力の結集のために荒川の共同体的思考が刺激となるはずだと述べている。

この批評が新聞に掲載されると、馬場のもとに荒川本人から会いたいという連絡が届く。互いに尊敬の念をいだいていた瀧口修造のことなどを深夜まで語り合う機会が実現した。その時に、今度は本人から荒川論を書くよう依頼されたという（『時の晶相』二三八〜二四二頁）。それが形となったのが、一九八〇年に西武美術館の機関紙『アール・ヴィヴァン』の創刊号に発表された「現代のスフィンクス―その問いかけの絵画的宇宙―」（『液晶の虹彩』所収、初出『アール・ヴィヴァン』一号、西武美術館、一九八〇・三）である。

馬場は、この「現代のスフィンクス―その問いかけの絵画的宇宙―」の中で、美術家としての荒川と名古屋とのつながりが武蔵野美術学校への進学を期に途切れたことを挙げて、その要因をやはり次のように名古屋の文化状況にあると述べている。

それは、おそらく彼が上京後に出遭った新しい美術への模索と試行への熱気、さらに渡米後は世界の最尖端を自負するニューヨークの作家たちのたくましいエネルギーに比して、名古屋の芸術創造の場としての後進性があまりにも際立ちすぎ、その名古屋を無視することから彼の仕事がはじまったからなのだろう。創造の場としてばかりではなく、近年までは新しい芸術を受け入れる場としてさえ、その後進性が指摘されざるを得ない状況がつづいて来たのも事実であった。荒川の出身地名古屋で、荒川の作品をまとめて見る機会など全くなかったのである。作品の流通上にむずかしい問題があったのかどうかはあずかり知らぬが、やはり新しい美術を積極的にプロモートする力のある画廊が最近まで極めて少かったということもその一因であったろう。しかし、何といってもこの地方全体の保守的気風に染まった美術愛好者たちの意識の低さに原因していたことは明らかであった。(『液晶の虹彩』七四頁)

変革への期待と批判

このように荒川の創作、並びに彼の作品の受容、双方のあり方から、創造の場、受容の場の両方の意味で名古屋の後進性、意識の低さが手厳しく指摘される。

そのいっぽうで、馬場は名古屋の文化状況に急激な変化の兆しが見られることを付け加える。前

野外劇『高丘親王航海記』（澁澤龍雄 作、天野天街 脚本・演出）終演後に。（1992年）

述のように、馬場は一九八〇年代初めに保守的だった名古屋に新規性を受容する兆しが見られることを指摘しているが、この「現代のスフィンクス—その問いかけの絵画的宇宙—」はちょうど同じ時期にあたり、こちらでは一九七七年にバルール画廊で名古屋初となる荒川展が開かれたこと、ギャラリーたかぎで荒川のプリント・アート展が開かれたことは「名古屋地方の美的意識の変革を示す一つの証し」（同前、七四頁）であるとする。さらに、そこには、画廊の活動を支える「新しいコレクターたちの眼の変化」（同前）があるのだと、現代美術のコレクターでもある馬場だけにコレクターの存在にまで目配りがなされている。

これに続いて、荒川の名古屋に対する発言への共感が熱く語られるのも、馬場が期待とその裏返しとなる批判をこめて名古屋の文化状況を真摯に見つめているからにほかならない。ここでいう荒川の発言とは次の二つの場での発言をさす。まず、彼が帰郷レセプションで、名古屋はニューヨークから見ると、「小さな村」に過ぎない日本の中のさらに「小さな村」（『液晶の虹彩』七五頁）に過ぎないと述べたことである。次に、ギャラリーたかぎでの談話会や前述した河合塾美術研究所での討論集会で、美術に関する信条や、哲学や科学についても熱く語ったことである。馬場は、後者について、「現在なお名古屋は文化的に小さな村であっても、逆にそこに粗野な将来性も隠されている」（同前）という荒川の期待感を感じ取っており、ここには馬場自身の名古屋への思いが託されているといえるだろう。

馬場は、この二年後に『中日新聞』に「紙つぶて」というタイトルのコラムを連載した際、当時、名古屋で荒川の新作版画展（ギャラリーたかぎ）が開かれたことを取り上げる。このコラムでも荒川が名古屋の想像力の低さを指摘するとともに、「名古屋の空白の担う創造性についての期待は東京より遥かに大きい」と述べたことに再度ふれており、荒川の発言を通して名古屋の創造性への期待を示している（「空白の創造性」『星形の言葉を求めて』所収、一〇一〜一〇二頁、初出『中日新聞』一九八二・二・二夕刊）。

結びに代えて――「あいちトリエンナーレ」から

愛知県主催の芸術祭、「あいちトリエンナーレ」の第一回（二〇一〇年八月二一日〜一〇月三一日）が「都市の祝祭 Arts and Cities」をテーマに開催された際、馬場は実行委員をつとめるとともに、詩人の野村喜和夫、同じく詩人で「あいちトリエンナーレ」の芸術監督をつとめた建畠晢、彫刻家の市川武史、バイオリニストの来島里奈とともに大須の七ツ寺共同スタジオで「ポエトリー・リーディングの夕べ」という文学と美術と音楽との共演に参加し、スクリーンに映し出されたヴェネチアの写真と来島の演奏を背景に、自作を朗読した。またこれに合わせて名古屋都市センターの『アーバン・アドバンス』五三号（二〇一〇・一〇）で組まれた特集「都市とアート」で「都市の必須栄養素としてのアート」を寄稿している。ここでは芸術家の創造と発表の場、市民を含めた鑑賞者が恒常的に芸術に出会う場をより豊かなものとする重要性を強く訴えるとともに、「あいちトリエンナーレ」のような国際芸術祭を短期集中的に開催する意義を併せて説き、都市にとってアート、すなわちパフォーミングアーツなどの身体表現、音楽的表現も含めた多様な同時代の芸術が「必須栄養素」であることを主張している。

五七万人を超える来場者が記録されたこの「あいちトリエンナーレ」は、馬場にとって長年の願いであった。『星形の言葉を求めて』に収められた「初秋のざわめき」（初出『毎日新聞』一九六七年九月九日）に次のように初秋の名古屋で思いをめぐらせたとある。

名古屋まつりは毎年の秋を色どる行事で結構であるが、青年都市の秋を飾るにふさわしい国際的な青年美術のビエンナーレ展でも名古屋で主催出来るようになったとき、名古屋も真に文化都市として認められるのだが、―それが夢だとしたら、せめて若々しい絵画が町のウィンドーや新しいビルの壁面を飾り、もっと新しい創造の意欲にあふれた彫刻が街頭の空間を堂々と占めるようになってほしいものである。（二八一頁）

同書のあとがきでは、発表時に願望として書いたことが後に実現したことにふれており（二八七～二八八頁）、「あいちトリエンナーレ」が始まる年に出されるエッセイ集の巻末にこの約四〇年前のエッセイを配置したことにもその感慨がこめられている。

あいちトリエンナーレ2010（草間弥生《命の足跡》）

以上、馬場駿吉にとっての名古屋の意味やエッセイで語られる名古屋像を確かめてきた。かつて芭蕉が新たな句境に到達した〈蕉風発祥の地〉名古屋で俳句の魅力を再発見し、創造への意志を再び獲得した俳人は、俳句、エッセイ、評論と分野横断的な創造の営為を続けながら、名古屋の文化状況に厳しいまなざしを注いできた。そして、文化交流都市としての名古屋への期待が「あいちトリエンナーレ」という形で実を結ぶに至るまでの過程を追ってきた。このようにたどり直した時、一人の孤高の俳人と名古屋とが生み出す物語を見出すことができるだろう。文学作品という資源に、名古屋の歴史、文化、自然をめぐる物語性を付与しながら、たとえば馬場のケースであれば、「文化のみち二葉館」、名古屋ボストン美術館、愛知芸術文化センターといった施設、まちそのものを会場に開かれる芸術の祝祭「あいちトリエンナーレ」のような催しなどとどのように結びつけ、物語性をさらに豊かにし、それを発信することができるか、それが文学資源を観光振興に生かす可能性を広げる要点になると思われる。

なお、二〇一三年八月一〇日から一〇月二七日にかけて、第二回「あいちトリエンナーレ」の開催が予定されている。今回は「揺れる大地―われわれはどこに立っているのか：場所、記憶、そして復活」をテーマに、三・一一後の世界に芸術が果たす役割が問われるという。今回も馬場は実行委員をつとめ、アートからパフォーミングアーツ、建築まで広い分野にわたる文化の交流都市名古屋の実現に尽力する。

※本稿執筆にあたり、馬場駿吉氏より貴重なお話を伺い、また資料をご恵与いただいた。心より厚くお礼申し上げます。

名古屋のことば

成田 徹男

はじめに―ことばと文化

名古屋のことばは、それ自体が、名古屋の文化を象徴するもののひとつである。名古屋の人々は、一方で、それに誇りと愛着をもちつつ、その一方では（特に中年層以上では）、標準語・共通語に対する、ぬぐいがたいコンプレックスももっていて、東京へ行ったら「名古屋弁」をつかわないようにすることも一般的な感覚のように思われる。

一般入学や推薦入学の学生たちのような若い世代は、名古屋またはその周辺では、そもそも自分たちのつかっていることばについて、ほとんど共通語と同じだと思っているようである。特に、高校までの一八年余を生まれ育った地域周辺だけで生活してきた場合はその傾向が強い。大学入学後、たまたま他の地域出身の人と話して、通じない語や表現を指摘されて、初めて自分のつかっていることばの一部に名古屋とか尾張の色がついていることを自覚することになる。

ある言語の語彙は、その言語を使用する文化のカタログであると言われる。カタログを眺めると、その文化の特色が浮かび上がってくるかもしれない。大学での講義で「名古屋と観光　歴史・文化・まちづくり」の一部を担当することになって、そんな点を軸に講義内容を考えた。名古屋方言話者に対しては、名古屋方言についてその概要を知り、自覚的にことばをつかうようになることを、目標のひとつとした。まちづくりや観光に直結するものではないが、ふだん気づかない名古屋の文化を、ことばを通してあらためて知ることは、自分の足元を確かめる意義があろう。一方、非名古屋方言話者に対しては、名古屋方言についての知識を得るだけでなく、名古屋文化を理解する手助けになるものと考えている。

内容として焦点になるのは、「名古屋方言とは、どのようなものであるのか」「名古屋方言というものについてのイメージは、どのようなものか」「気づきにくい方言と言われるものには、具体的にどのようなものがあるか」といった点である。また、近年さかんになってきた「言語景観」という分野の発想にからめて、名古屋の「言語景観」について観光との関係から論じてみたい。

名古屋方言の位置

名古屋は、江戸時代になって興隆したまちであり、芥子川律治《けしかわりつじ》（一九七一）によると、江戸のことばと同様に、尾張一帯をはじめ、各地の話者が集まって一種の「共通語」ができたのが名古屋方言の始まりと考えられる。江戸時代以前については、地域のはなしことばが記録された史料はとぼしく、たとえば織田信長、豊臣秀吉や、三河の徳川家康がどのように話していたかは、よくわかっていない。芥子川（一九七一）は江戸時代の「名古屋ことば」を第一期（混在期）＝一六一〇からおよそ七〇年余、第二期（成立期）＝元禄（元年一六八八）ごろから宝暦（一七五一～一七六三）ごろ、第三期（完成期）＝明和（元年一七六四）ごろから幕末まで、に分けている。

第一期は当時の口語の具体的資料がとぼしいが、居住区が身分ごとに分かれ庶民層も各地からの寄せ集まりで、共通性を持つ「名古屋ことば」そのものはまだ存在しなかったのではないか、と推測されるとし、第二期は七代藩主の徳川宗春治世の時期（一七三〇～一七三九）を中心として繁栄した時代であり、「名古屋ことば」がひとつのまとまりをもったとしている。第三期になって、武士階**「上町《うわまち》ことば」（武家・上層の町人）と「下町ことば」（庶民**

級と上層の町人階級が接近し、いわゆる「上町ことば」ができあがり、この第三期は名古屋に住む人の言語意識が高まった時期でもあるという。

この「上町ことば」と、それに対して庶民層がつかった「下町ことば」との違いは、戦後までそのなごりをとどめていたが、近年では「上町ことば」をつかいこなすような人はめっきり減って、名古屋ことばといえば「下町ことば」と思われている。江戸時代の名古屋のことばなど尾張近辺の方言の言語体系については、彦坂佳宣《ひこさかよしのぶ》（一九九七）の研究によって、ある程度そのあり方がわかっている。

名古屋は方言の東西境界領域

日本語の本土方言は大きく東日本方言と西日本方言に分けてとらえられることが多い。おおざっぱにいえば、名古屋方言はその東西の境界領域にあって、東と西の特徴が混在している。アクセントは「東京式」であるが、「否定」形式で「かかん」「いけせん」のように「〜ん」「〜せん（へん）」という語形をつかうなど、西日本と共通する語法の特徴もある。そのような中でどの特徴を重視するかによって、東に入れられたり、西に入れられたりすることになる。

名古屋方言は、一般的な方言区画では「東海・東山方言」に属するとされる（平山輝男《ひらやまてるお》ほか編（一九九二）図1・図2参照。愛知県方言の担当は鏡味明克《かがみあきかつ》）。愛知県内の方言は、ふつう尾張・西三河・東三

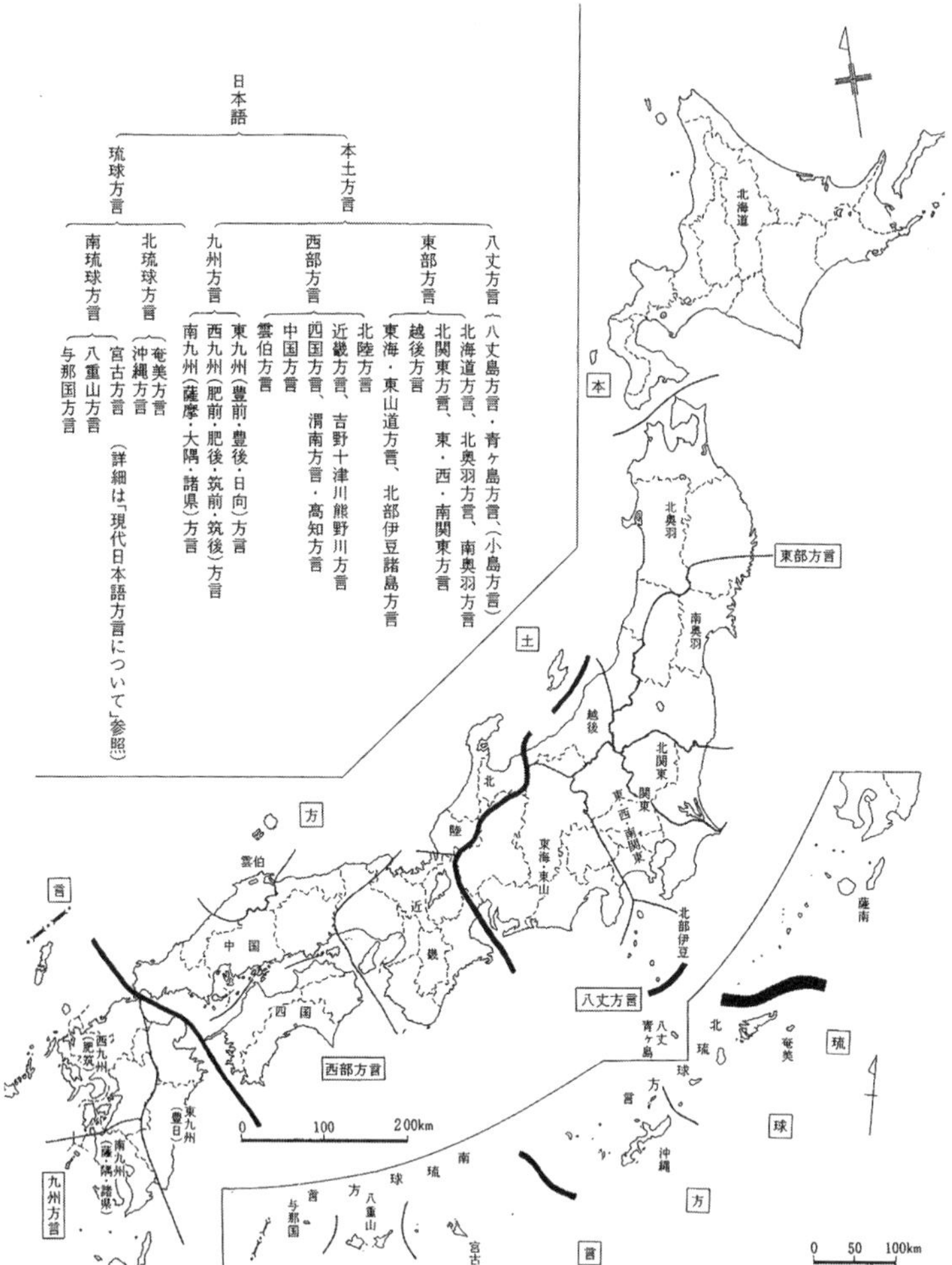

図1　全日本方言区画図
出典：平山輝男ほか編『現代日本語方言大辞典』第1巻（1992） 巻頭 図5

河に分けられ、名古屋方言は尾張方言に属する。尾張では、瀬戸市と知多半島には他地域との違いから下位区分をたてることもあり、東三河では、渥美半島の旧：渥美町（現：田原市内）を下位区分としてたてることもある。

ところで、ある語の語形などの全国分布には、京都を中心として東西に似たものが存在する「周圏分布（周圏論的分布）」がある程度みられる。「周圏論」というのは、「方言周圏論」ともいわれ、柳田國男《やなぎたくにお》が一九二七年「蝸牛考《かぎゅうこう》」で提唱した考え方であり、『日本言語地図』にも周圏論的分布がかなりみられるとされている。長らく言語・文化の中心であった京都をはさんで名古屋あたりと中国地方とにしばしば類似点が認められるのである。松本修《まつもとおさむ》（一九九三）は、「ばか」や「あほ」といった語の分布と由来について考察したものである。それによるとこれらの語には周圏論的分布が見られ、名古屋方言の「たわけ」は、西日本にもわずかではあるがみられるそうだ。「バカ」は、後に

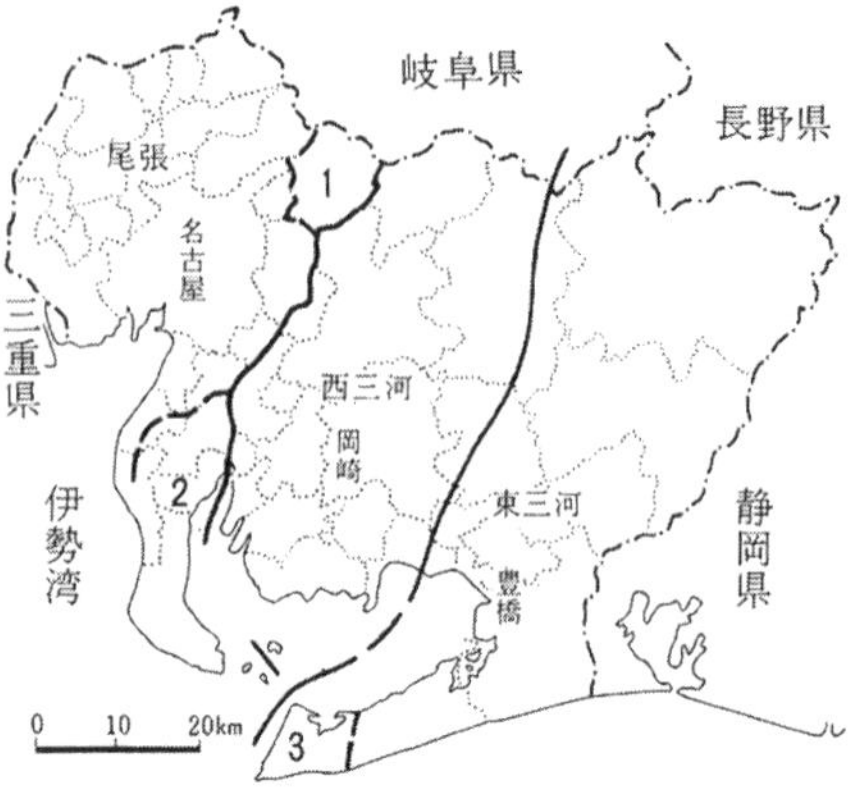

図２　愛知県の方言区画図
出典：平山輝男ほか編『現代日本語方言大辞典』第１巻（1992） p.186

東京のことばが日本の言語の標準とみなされるようになって全国を席巻することになった語形である。しかし、分布では関東と九州に見られるので、この「バカ」よりも新しく、「アホ」よりも古い時代に京都ではやったのが「タワケ」らしい。「ばからしい」だと推測できるということである。名古屋方言は「タワケ」文化圏ということになるらしい。「ばからしい、あほらしい」と同様に「たわけらしい」とは言えるが、「ばかたれ、あほたれ」のように「たわけたれ」とは言えない。用法の幅は「バカ」「アホ」ほど広くないのである。ちなみに、「たはけもの」は『日葡辞書《にっぽじしょ》』（一六〇三年）に用例がある。

名古屋方言の特徴

名古屋方言の特徴というと、すぐでてくるのが「おみゃーさん、はよいこみゃー」のような「みゃーみゃーことば」だが、これは母音が連続するときに融合する音声的な特徴である。清水義範《しみずよしのり》（一九九四）などでは「めゃあ」というような表記が工夫されており、実際の発音に近いと言えるのだが、以下では単に「みゃー」と表記することにする。

次によくあげられるのは、「〜だがね」「〜だがや」「〜しやーせ」「〜てござらっせる」などの文末表現である。そして、「やっとかめ」「かぎをかう」「じょーぶい」「ほれみい」「けった」など、ほかの方言には（あまり）ない語や表現である。

ということは、逆にいえば、これらのような点以外は共通語とほぼ同じだと意識されている、とも言えるのである。もし、他の地域出身の人が短時間で名古屋弁をつかえるようになりたいのであれば、ふるさとナマリ研究会（二〇〇五）にある「５分でしゃべれる名古屋弁ワンポイント講座」という便利なものもある。

「共通語」と「標準語」は同じもの？

言語学では「方言」とは「ある言語の空間的変異（地域差）」と考える。したがって、東京で話されているのは「東京方言」なのである。「共通語」とは、世界のいくつかの国や地域をまたがって使用される言語体系をさすこともある。より一般的には、フランス語とか中国語とか日本語とかいった、あるひとつの言語体系において、他の地域の人とも意思疎通できる（と考える）、かなり広い地域でつかうことが可能な言語体系をさす。さきほど、江戸時代の名古屋のことばについて「共通語」と述べたのはその意味である。日本全国に通用するような「全国共通語」は、東京の山の手のことばを基盤とする、と考えられている。

一方で「標準語」という用語もあるが、こちらは、あるひとつの言語体系において、理想的・標準的とされる言語体系のことである。日本語の場合は、現実には存在しないと考える学者もいる。

わかっていると思うが、一般にいう「標準語」と「共通語」は何が違うのか。

わかっているわけでもない。「共通語」と言おうが、「標準語」と言おうが、大差ないのである。

ものの、この両者はほぼ同じものと思われているのが現状である。しかも、「実態」といっても、たとえば、かりにNHKのアナウンサーの話しことばが「共通語」であると規定してみても、個人差はあるし、彼らの家庭での話しことばがすべて「共通語」というわけではないはずだし、細部まで

方言とは

言語学的には、共通語と共通している部分も、方言の一部と考えられる。しかし、ふつう「方言」と言うときには、共通語と違う部分、ほかの方言と違う部分という感覚が優先する。方言学では、ある言語体系固有の語＝特有語を「俚言《りげん》」ということがあるけれども、それを代表とする、あるひとつの方言に見られ、共通語やほかの方言にはあまりみられない特徴のことを「方言」として意識することになる。であるから、東京へ行ったら名古屋方言をつかわないようにする、というのは、「いきゃー」のような音声的特徴をひかえ、「〜だがね」「〜だがや」「〜しやーせ」「〜てござらっせる」などの文末表現をつかわないようにし、俚言をさける、ということになる。まちがっても「ほれみい」とか「なにやっとるの」などと言ってはいけない。そのようにしさえすれば、ヒョージュンゴでしゃべっていることになるのだ、と思うわけである。若い人は、すでにこのような典型的と

されてきた「名古屋弁」はつかっていないので、ふだんどおり話せばいいのだ、と思ってしまうことになりがちである。

別にそれが悪いわけではない。ただ、地域差というものはさまざまな側面で根強く存在しているし、新たに生まれるものもある。のちに触れる「気づきにくい方言」もある。現代においても「お国の手形」はあるのだ。

幼児語・育児語の「牛・馬・犬」文化圏

地理的分布の話に関連して、幼児語・育児語にも地域差があることが知られていることにふれておく。幼児語・育児語とは、「幼児が、あるいはおとなが幼児に対してつかう、おとなの標準的な語形とはかたちが違う語」のことである。犬を「わんわん」車を「ブーブー」、捨てる・しまうことを「ないないする」というような場合である。

あなたは、「四つんばい」を何と言うだろうか。河合真美江《かわいまみえ》（二〇〇六）によると、本格的な調査ではない（朝日新聞の記者が各都道府県最低一か所の保育所の保育士に「おしりをふくのに四つんばいにさせるとき何というか」アンケート、回答は四〇か所）が、北海道・東北・北陸では「おウマさんになって」、関東・東海（静岡県）では「ワンワンして」、近畿・中国・四国は「モーして」「モーモーして」、九州・沖縄は「モーして」「モーンして」「ウンモーして」と、みごとに分布がでたという。愛知県は「モーモー」だそうで、たしかに筆者も小さいころは「モーモーしなさい」と言われていたように記憶している。東西の境界領域にあたる三重県の鈴鹿市では「モー」も「ワンワン」も使うが「ワンワン」派が増えたという回答だったそうである。「馬文化圏」「犬文化圏」「牛文化圏」があるわけで、名古屋は「牛文化圏」だが、「犬文化圏」にとりこまれつつある、というところではなかろうか。

名古屋方言も変化する

ことばは変わるものである。名古屋方言も少しずつ変化している。たとえば江戸時代にはあった「上町ことば」と「下町ことば」の区別が失われて「下町ことば」全盛になったのもそうであるし、実証するのはきわめて困難だが、テレビの普及によって「共通語化」がすすんだのもそうである。

〝ギャーロ〟は消え〝イカンカッタ〟は残る

この、全国的にみられる「共通語化」も当然すすんでいるけれども、共通語化でない変化もおきている。真田信治《さなだしんじ》（一九八四）で考察されている一九七四〜一九七五年の調査結果によると、当時の老年層で蛙について「ギャーロ」という語形を「使用する」が五四％、「理解する」が三〇％、「知らない」が一六％であったのに対し、当時の若年層で「ギャーロ」という語形を「使用する」は〇％、「理解する」が四六％、「知らない」が五四％であった、という。つまり、この当時、「ギャーロ」という語形については世代間の差がかなりあったわけである。

また、当時の老年層で泥棒について「ヌスット」という語形を「使用する」が八六％、「理解する」が一四％であったのに対し、当時の若年層で「ヌスット」という語形を「使用する」は一二％、「理解する」が八八％であった、という。

一方、当時の老年層で「行かなかった」について「イカンカッタ」という語形を「使用する」が一〇％、「理解する」が七〇％、「知らない」が二〇％であるのに対し、当時の若年層で「イカンカッタ」という語形を「使用する」は七四％、「理解する」が二六％であったそうだ。

二〇一二年に還暦をむかえた筆者は、まさに当時の若年層にあたるのだが、蛙を「ギャーロ」、泥棒を「ヌスット」というのは、聞けばわかる「理解語彙」ではあったが古くさい語形であると思っていたし、「行かなかった」を「イカンカッタ」というのは当然のことで、昔からそうだったと思っていた。いまや、蛙を「ギャーロ」、泥棒を「ヌスット」と言う人は非常に少なくなり、一方、「イカンカッタ」はいまでもさかんにつかわれている。よく、「方言を残しましょう」と言う人があるけれども、たいていの場合そこでの「方言」というのは、その人より上の世代の、いわば「古き良き時代」のことばのことである。しかし、ことばはつかわれるものであって、つかわれるうちに、より若い世代では変わっていくものなのである。ある語形を残そうとして残るとは限らない。若い世代がつかわなければ消えていってしまう。名古屋方言もその例外ではない。

また、永瀬治郎《ながせじろう》（一九九四―一九九五）の一九九三年の調査結果によると、学生たちがマクドナルドを「マック」という地域と「マクド」という地域があり、名古屋は「マック」である。永瀬治郎（二〇〇六）の二〇〇五年の調査結果では若者のつかう語形として、「マクド」がやや後退していて、名古屋はあいかわらず「マック」らしい。若者のことばにも地域差があるのである。なお、もともと埼玉県の俚言であった「うざったい」「うざい」（=うっとうしい）は、現在はもう共通語の語彙にふくめてよいほど、若い世代には全国的に広まってしまった。

名古屋方言の代名詞であった「みゃーみゃーことば」も風前のともし火である。それでも「はよこっちこやー（早くこっちへ来なさい）」のような言い方は、まだ若い世代でも生き残っているようだ。

名古屋方言のイメージ

愛知県人は愛知がきらい？

NHK放送世論調査所編（一九七九）『日本人の県民性　NHK全国県民意識調査』によると、一九七八年の調査結果として、次のような結果がでている。

愛知県で「あなたはこの土地のことばが好きですか。」という質問項目について「そう思う」と回答したのは四三・九％で、全国平均五八・八％を大きく下回り都道府県の順位では四四位であった。四七位奈良三二・七％ほどではないが、四六位千葉四二・〇％、四五位神奈川四二・四％と並んで、偏差値ランクでは最低であった。

一方「では標準語が話せなかったり、地方なまりが出るのははずかしいことだと思いますか。」という質問項目について「そう思う」と回答したのは、一五・一％で、全国平均一四・八％に近く都道府県の順位では三三位であった。なお、どちらの質問項目についても一位は沖縄県である。また、県民意識として特徴的なものとしては、「今の世の中は大きな組織の力が強すぎて一人一人の庶民は無力だ。」という質問項目について「そう思う」と回答したのが七四・八％（全国平均六六・一％）、「国の政治がどう変わろうと、自分の生活には関係ない。」という質問項目について「そう思う」と回答したのが四一・四％（全国平均三三・六％）で、いずれも都道府県の順位では一位であったことや、「愛知県人だという気持ちを持つ。」という質問項目について「そう思う」と回答したのが五八・三％（全国平均六七・四％）で都道府県の順位では四四位であったことがあげられる。あくまでも愛知県民全体の傾向としてであって、名古屋に限定した話ではないが、「地元のことばがさほど好きでない」という面があることはうかがえる。

名古屋弁は汚い・きついのイメージ

名古屋方言のイメージは、汚い、とか、きつい、とかいうことだと感じている名古屋人は多いのではないか。毎年、学生が書いた講義の感想の中に、「親には汚い名古屋弁をつかうな、といわれて育った」とか、後でふれる「気づきにくい方言」について、「共通語で話しているつもりだったのに、自分もつかっているのに驚いた。気をつけてつかわないようにしたい」というようなものが少なからずある。そんなつもりで講義をしているわけではないのに、「名古屋方言はよくない」「標準語で話さなければならない」という思いこみが現代の若者にも強く存在していることをうかがわせる。しかし、自分たちが思っているほど、周辺の地域では「汚い」とか「きつい」と思われていないという研究結果もある。

さて、「方言」「共通語」に対する意識について、一九九四〜一九九五年の大規模な調査がある。その結果が佐藤和之《さとうかずゆき》・米田正人《よねだまさと》（一九九九）としてまとめられているので、一部を紹介する。残念ながら名古屋は調査地点ではないが、東西方言の接点という点で、調査された一四地点の中では、大垣の結果がおそらくもっとも名古屋に近いものと考えられる（大垣の調査者は久野眞《くのまこと》）ので、大垣の結果を中心に説明する。

方言も、共通語も好きというわけではない

図3にあるように、「方言が好き」と答えた人の割合を見ると、大垣は高校生二六%、活躍層二六%、高年層三六%と低かった。一方、図4のように、「共通語が好き」と答えた人の割合は、大垣は高校生二四%、活躍層二六%、高年層六二%と、調査地点の中では中ほどであった。また、図5のように、共通語について「共通語を話す自信がある」と答えた人の割合は、高校生は二四%とまずまず高めだが、活躍層は一〇%、高年層は一二%とかなり低めであった。

それに対し、共通語について「共通

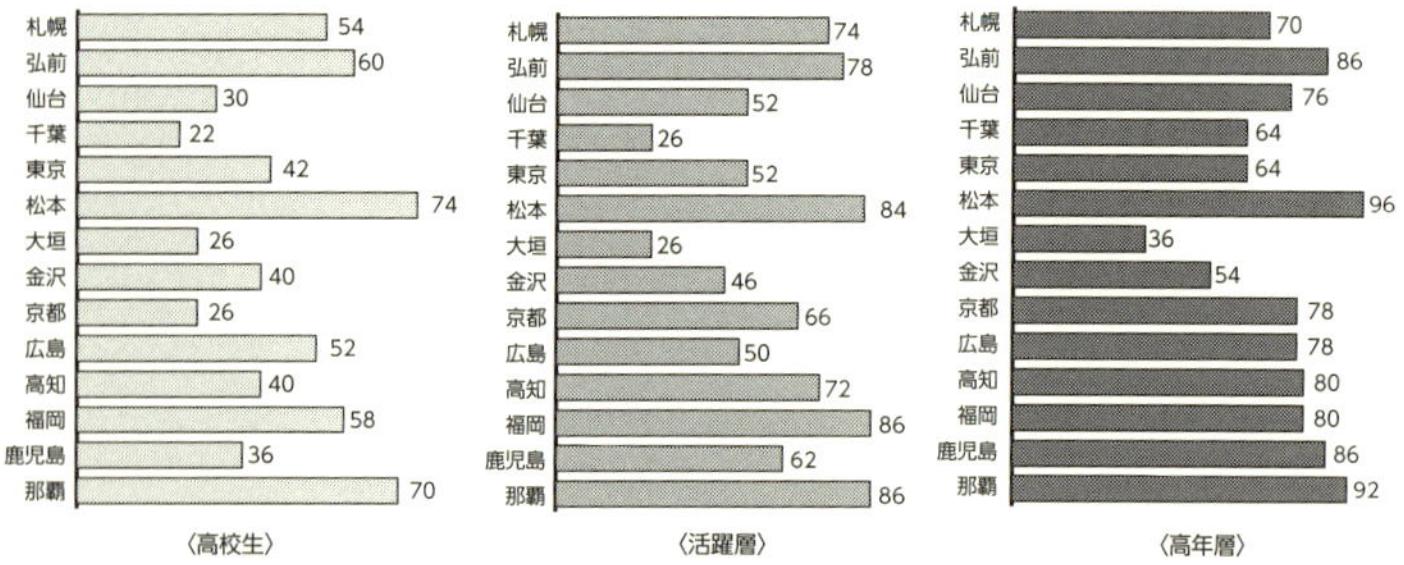

図3「方言が好き」 出典：佐藤・米田『どうなる日本のことば 方言と共通語のゆくえ』（1999）p.25

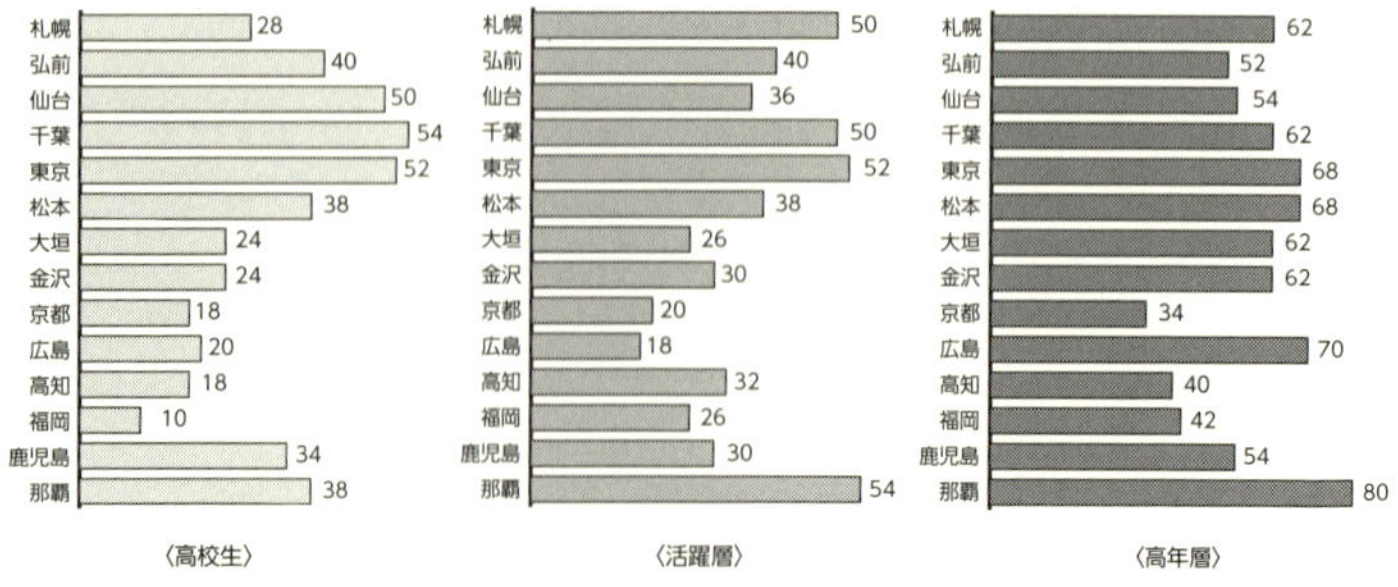

図4「共通語が好き」 出典：同書 p.19

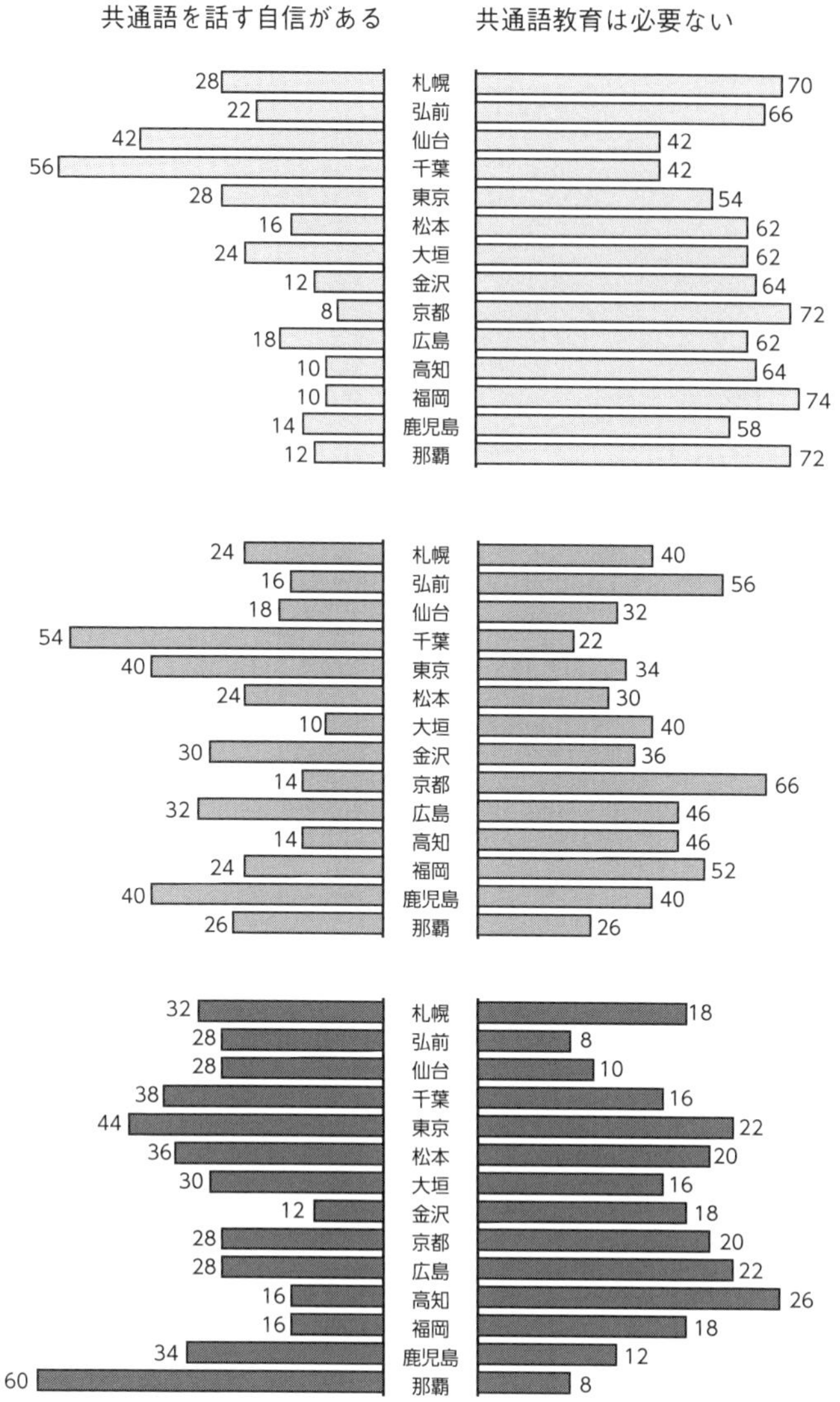

図５「共通語について」 出典：同書 p.185

語教育は必要ない」と答えた人の割合は、高校生は六二％、活躍層は四〇％、高年層は一六％と、調査地点の中では中ほどであった。「特に共通語が好きというわけでなく、方言も好きではない。自分はかなり共通語を話していると思いながらも（あるいは、だからこそ微妙な違いがあるかもしれないので）、共通語をちゃんと話せる自信はない」といったところだろうか。

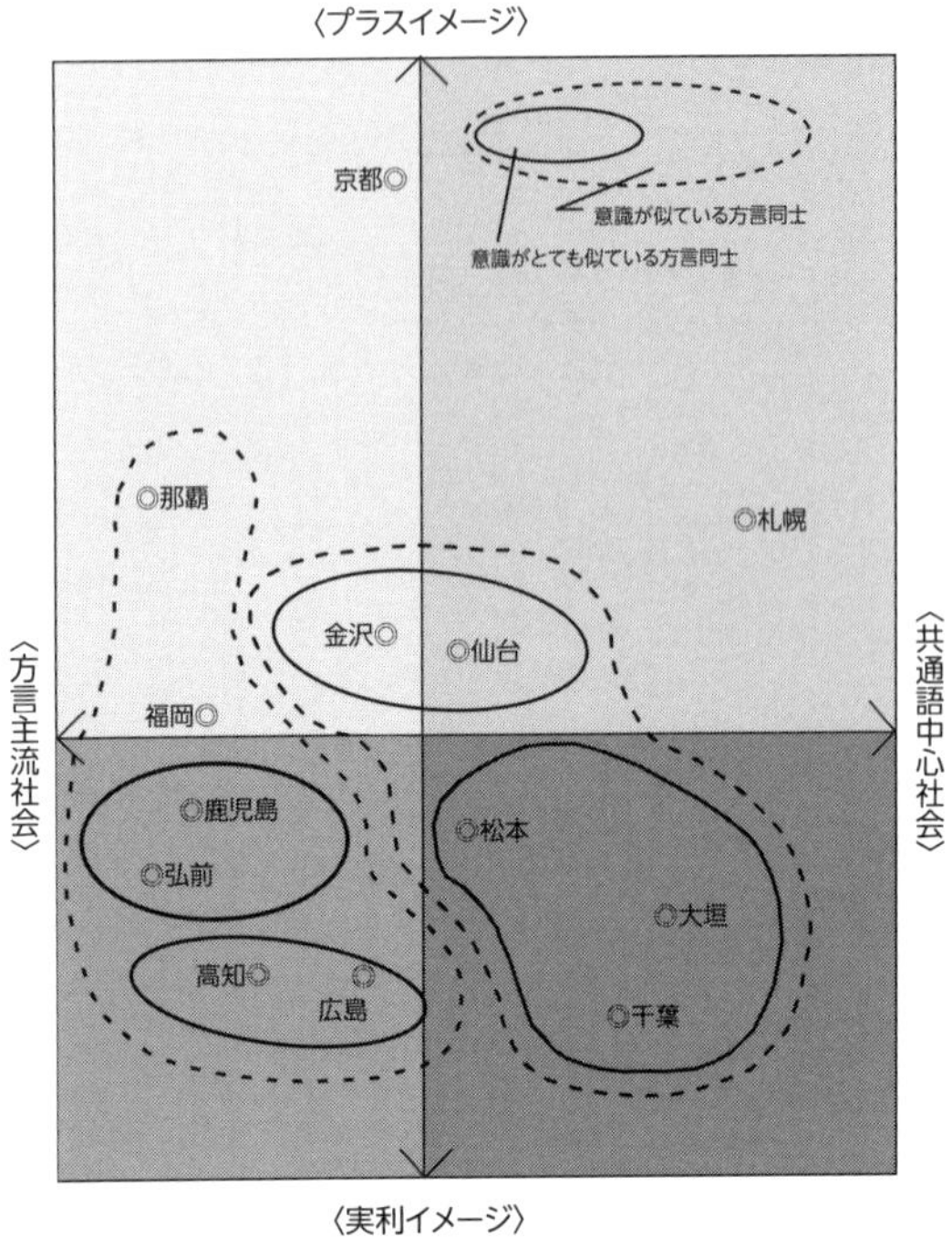

図６　方言イメージで見る14地点の類型
出典：佐藤・米田『どうなる日本のことば　方言と共通語のゆくえ』（1999）p.40

図６に方言イメージによる一四地点の類型が示されている。大垣は千葉、松本とともに右下にあり、方言主流か、共通語中心か、という軸では共通語中心寄りであって、プラスイメージか、実利イメージ（別に好きではないが地域の生活でつかうのに便利）か、という軸では実利イメージ寄りで

ある。全体としては共通語中心の生活であり、自分の方言についてはは実利的なイメージが強い、という位置づけが妥当であろう。

気づきにくい方言

方言研究では、「俚言《りげん》」と区別して、「共通語と同じあるいは非常に近い語形でありながら意味・用法がずれているもの」を「気づかれにくい方言」と呼ぶ。ここでは、この定義にこだわらず、「俚言」であることに気づきにくいものもふくめて考える。

「マック」と「マクド」のように、若者のつかうことばで新たに生まれる地域差、方言もあるし、ほかの地域のことばと違うことに気づかないでつかっている方言もある。名古屋のことばの例としては、「机をつる」「○○先生、みえますか?」は、その代表的なものである。

共通語と思われがちな「学校ことば」

「机をつる」とは「机を運ぶ、移動させる」ことであり、尾張地方から岐阜県南部で広く使用される表現である。名古屋で「○○先生、みえますか?」ときかれたら「ここからは見えません。」と答えてはいけない。この場合の「みえる」は「いる」の尊敬語である。共通語でも「来る」の尊敬語としては「みえる」が使用されるので、この用法も共通語であると思う人が多いのである。

小中学校でつかわれる、つまり先生たちもつかっている語は、共通語と思われがちである。学校用語には、そのような例がかなりある。また、アクセントで共通語と違うことに気づかない場合がある。アクセントは、より意識しにくいうえに、名古屋は東京式アクセントに属するので、頭から同じだと思いこんでしまいがちだからであろう。たとえば「くつをはく」の「くつを」は、名古屋では「高低低」と発音されるが、東京ではふつう「低高低」である。

「めーだい」＝明治大学？　名古屋大学？

さらに、「（お）値打ち（＝お買い得）」「あったさん（熱田さん＝熱田神宮）」「ひらばり（平針）」（運転免許試験場がある）「まっつぁかや（松坂屋）」「まるけー（「サークルK」というコンビニのチェーン店）」「しゃこう（自動車学校）」のように、名古屋ではあたりまえにつかっていても、ほかの地域から来た人にはわからない場合もある。

「名古屋」を「名《めい》」と略すのは「東名高速道路」「名神高速道路」など全国的に知られたものもある。しかし、名古屋ではその他にもたくさんの「名《めい》」がある。名古屋鉄道は「めーてつ（名鉄）」、名古屋港は「めーこう（名港）」、名古屋駅は「めーえき（名駅）」、名古屋城は「めーじょう（名城）」となる。名城公園、名城大学、地下鉄名城線などの複合名詞もある。「めーだいい」は、東京では「明治大学」だと思われるだろうが、名古屋ではもちろん「名古屋大学」である。名古屋市立大学は「めーしだいい（名市大）」である。元の名古屋テレビは「めーてれ」で、正式に「メ～テレ」と長音符号を「～」で代用した名称になってしまって新聞のテレビ欄ではすでにおなじみである。「めーえき（名駅）」は、それが駅そのものだけでなく名古屋駅周辺の地域をも指すことばとしてつかわれたのがもととなって、今では正式な町名になってしまっている。この「名駅」だけでなく、大規模な町名変更により、名古屋の中心部は「さかえ（栄）」「にしき（錦）」「まるのうち（丸の内）」などで塗りつぶされ、戦災でも生き残った伝統的な町名が姿を消してしまっている。

語の問題というより、話し方、さらに文化とかかわる点を指摘すれば、「ええてーいかんて」というやりとりがある。喫茶店のレジの付近で「きょうはわしが払っとくで」「いかんて、こないだ（＝このあいだ）も出してまっとる（＝もらっている）し」「ええて、ええて」「いかんてー」と、えんえんと続けていることがある。名古屋人はケチだが結婚式など人目につく場合には見栄を張って金をかける、というのがもっぱらの評判である。しかし、無駄遣いをしない合理的な考え方をし、人とのつき合いには惜しげもなく（時には分不相応に）身銭をきる心構えがあるという見方も可能である。仲間うちだけでなく、外から名古屋へおとずれる人たちに、「ええて、ええて」と言いながら親切にしたいものである。

観光と方言

いくらか観光に結びつくこととして、まず「方言みやげ」についてふれておこう。昔からどこの観光地でも、方言のれん、方言扇子、方言湯飲みなどがみられたものだが、近年は、方言Tシャツ、方言ストラップなども増え、商品名にも方言がつかわれることがある。

名古屋でも、「名古屋らしさ」を強調する手段として、名古屋方言をつかっているものがある。味噌煮込みうどんの老舗は、持ち帰り用の品物を入れる紙袋に名古屋方言での文章をのせているし、「でらうま」（＝すごくうまい）という名のビールもあるし、一時インターネット上のサイトに名古屋弁バージョンの商品広告を掲載していた洋菓子店もあった。名古屋弁で話す自動販売機もあるし、金の鯱鉾のデザインのトランプもあるし、読み上げの声が録音されたCDのついたカルタも複数ある。井上史雄《いのうえふみお》（二〇〇七）に、井上が個人で集めた方言みやげの数を都道府県別に示しているが、それによると愛知県は一二位あたりになり、まずまず方言みやげがある方になるらしい。

役割語とキャラ語

社会言語学的な分野では、近年「役割語」「キャラ語」といったものの研究が盛んである。「役割語」とは、たとえばテレビアニメに登場する「〇〇博士」が話す「わしはそう思うんじゃよ。」というような語り口のことである。いわば「博士語」である。現実にノーベル賞を受賞した博士がこんな話し方をするのは聞いたことがない。しかし、フィクションで登場する「博士」にはこんな語り口がふさわしいと思われているのである。一定の役割にふさわしいと思われている話し方が存在するというのである。

「キャラ語」とは、たとえば「そうだぴょーん。」というような話し方のことである。いわば「うさぎキャラ語」である。若者が一定のある「キャラクタ」を演じるための語り口とでも言おうか。このような現象の延長線上で、方言を、意図的にある「キャラクタ」を演じるためにつかう若者がふえているといわれている。田中《たなか》ゆかり（二〇一一）は、このような言語行動を「方言コスプレ」と名づけている。「コスプレ」とは「コスチューム・プレー」のことで、ある衣装やユニフォームを着て、それにふさわしい行動をして楽しむように、日本全国の方言を織り交ぜることによって、ある種の「キャラクタ」を演じるようなことを指す。冗談やギャグを言った相手に「そんなアホな。」と関西弁でツッコミを入れる、とか、「行くぜよ。」と土佐弁で坂本龍馬を気取る、とかいったものである。服装を替えることで自分の演じる役割を変えるように、方言をひとつの手段として利用するのである。

名古屋弁は観光の武器たりうるか

田中によれば、「本方言」（＝もともとその地域でつかう方言）のほかに、「ジモ方言」（＝地元民という意味の造語「ジモティー」が自分たちは現在つかわないが、その方言の特徴と認識している、時に誇張された言い方）、「ニセ方言」があり、多くの若者が会話だけでなく、「打ちことば」（インターネットを利用したソーシャルネットワークでのメールなど、話しことばに近い文字言語）で「ジモ方言」や「ニセ方言」をつかっているという。名古屋の若者が「やっとかめ」をつかうとすれば「ジモ方言」としてであり、別の地域の若者が「えびふりゃー（えびフライ）」をつかうとすれば「ニセ方言」としてであるということになろうか。

田中は、京都方言は優雅であるとか、九州方言は男らしいとかいった「方言ステレオタイプ」（その方言の典型的なイメージ）は、ずっと前から形成されてきた歴史があるとし、特にマスメディアを通じて形成されたものとして「龍馬語」などを取り上げている。方言ステレオタイプとして、名古屋方言についての言及はない。かりに名古屋方言の方言ステレオタイプがあるとすれば、「都会のくせに田舎くさい」とか、「みゃーみゃーとうるさい」とか、残念ながらあまり好ましくないイメージしか浮かんでこない。名古屋方言が、若者のつかう「ニセ方言」として盛んにつかわれているとも思えないが、実態を知りたいものである。

名古屋のことばは、日本全国に観光を宣伝するための武器たりうるか、といえば、悲観的にならざるをえない。なにしろ、名古屋方言話者自身が、名古屋方言は汚い、きついと感じていることが多いのであるから、胸を張って名古屋弁で「名古屋へいりゃーせ」（＝来てください）とは言いにくいのではなかろうか。まずは、もう少し、自分たちの方言に自信をもつことが必要であろう。

名古屋の「言語景観」

近年、社会言語学を中心として「言語景観」についての研究が盛んである。「言語景観」とは、庄司博史《しょうじひろし》・ペート＝バックハウス・フロリアン＝マルクス（二〇〇九）によれば、ふつうは「公共空間で目にする書き言葉」、つまり視覚的な言語情報のことであるが、ここでは触覚的な言語情報である点字や、聴覚的な情報である話し言葉や音楽までふくめた広い解釈によることとする。具体的に言及はしないが建築や都市計画などで「サウンドスケープ」と言われるものもふくめたい。

名古屋らしさのシンボルだった「大名古屋ビルヂング」

名古屋駅の東側でも西側でも、目に入るのは圧倒的にアルファベットが多い。特に目立つのは海外の、それも主としてヨーロッパのブランド名である。そこだけみれば日本の都市はたいていどこも似たようなものであるし、近年は国籍不明に近くなってきた。

名古屋駅前の景観として、しばしば言及されてきたものに「大名古屋ビルヂング」がある。名古屋駅のビルが「タワーズ」（ツインタワービル）になってからは、その一二階〜一五階あたりの東側から、目の前に大きな「大名古屋ビルヂング」の看板がみられたものである。「ビルヂング」は三菱地所のビルにつけられている名称であって、現在は変更されているようだが東京に「丸の内ビルヂング」もあったし、日本全国に「〇〇ビルヂング」は存在する。また、もともと「ヂ」は、現在「ディ」と表記される音をあらわす表記法として広くつかわれていた。「大名古屋ビルヂング」の「大」は「ビルヂング」にかかっているのであって名古屋を修飾しているわけではない。一九五九年の伊勢湾台風による被害からの復興の象徴という役割もあった。しかし、名古屋へ初めて来た人が駅前でこの看板を目にするとインパクトがあるようで、名古屋らしく田舎くさいとか、「大名古屋」とはしゃらくさいとか、何かと話題になってきたのである。

図７　大名古屋ビルヂング（2012年 11月 8日）

解体して建て直すことが決まり、二〇一二年についにこの看板は姿を消した。図7は、そのありし日の「雄姿」？ である。市民の声もあって、三菱地所はこの名称そのものは残すことに決めたようであるが、新しいビルに再び同じような看板が掲げられるかどうかはわからない。数少ない「名古屋らしさ」という意味で存在価値は高いものであるから、是非とも、また「大名古屋ビルヂング」の看板を掲げてほしいものである。

多言語化する都市の言語景観

「言語景観」のひとつのテーマが多言語化である。東京や大阪には外国語の表示ばかりが目につくような地域があるし、横浜市や神戸市には「中華街」があるけれども、名古屋にはそのような典型的な地域はない。ただ、大須かいわいは、特に名古屋市あるいは名古屋市周辺の地域に定住している外国人が多く集まり、ポルトガル語などの看板も見られる。多言語化は、いずれ地域に定住するニューカマー（新参者）にとって、生活のために有益であるとともに、彼らのアイデンティティー維持のためにも役立つ。

多言語化のもうひとつの効果は、観光客にとっての便益である。一九八九年の世界デザイン博覧会やブラジルなどからの労働者の増加や二〇〇五年の「愛・地球博」（日本国際博覧会）が契機となって、名古屋の案内表示などの「多言語化」がすすめられた。ＪＲや名鉄、近鉄（近畿日本鉄道）の名古屋駅、地下鉄の主要駅では、英語だけでなく、中国語や韓国／朝鮮語、ところによってはポルトガル語による表記が併記されている案内板がある。この四言語の表示が多いのは国の「ビジット・ジャパン」キャンペーンがモデルになっているものと思われる。最近では一部のATMで同様の四言語で表示できるものがあるし、名古屋市のホームページには、この四言語のほか、スペイン語、フィリピン語、イタリア語による説明が用意されている。各種の案内表示をある程度「多言語化」することは外国からの観光客にとって便利であるはずだが、本当に必要なところに役に立つ表示があるのかどうかは、定期的に検証していく必要があるだろう。

また、地下鉄の名古屋駅到着前の車内アナウンスでは、もちろん録音によるものだが、英語・中国語・韓国／朝鮮語・ポルトガル語のアナウンスが流されている。デザイン博のあとしばらく、地下鉄の西高蔵駅では、車両の接近を知らせる合図として水琴窟の音がつかわれていた。おもしろい試みであったと思う。現在は、名古屋市営地下鉄の各路線、それも二方面別々の短い曲が車両の接近を知らせてくれる。名古屋市立大学芸術工学部水野みか子教授の作曲によるものである。

ローマ字表記のミステリー

もうひとつ、地下鉄駅名のローマ字表記の問題をとりあげておきたい。成田徹男《なりたてつお》（二〇一二）では、現在広くつかわれているローマ字表記の主要なつづり方を分類して、「訓令式　長音符号方式」「ヘボン式　長音符号方式」「ヘボン式　長音符号なし方式」（下位類として「ヘボン式　英語方式」「へ

ボン式 ＯＨ方式」）「かな置き換え方式」（長音符号なしで「訓令式」「ヘボン式」をふくむ）とした。主として長音（母音をのばす音）をどう表記するかによって微妙な違いがあるからである。一九五四（昭和二九）年内閣告示第一号の『ローマ字のつづり方』とそれに基づく学校教育では「訓令式 長音符号方式」《「大野次郎」という人名の表記を例にすると Ôno Zirô となる》か「ヘボン式 長音符号方式」《Ôno Jirô》であり、ＪＲや私鉄の駅名表示は「ヘボン式 長音符号方式」《Ôno Jirô》になっている。地下鉄の駅名表示やＪＲなどのホームページの英語案内では「ヘボン式 英語方式」《Ono Jiro》、スポーツ選手のユニフォームの名前の表記やパスポートで許容されている名前の表記では「ヘボン式 ＯＨ方式」《Ohno Jiroh》、パソコンのローマ字入力などでは「かな置き換え方式」《Oono Zirou》《Oono Jirou》（ひらがなの現代仮名遣い「おおのじろう」を一字ずつローマ字に置き換える）、となる。長音、それも特にオ段の長音の表記については、いくつかの方式が併存しているのである。

名古屋市営地下鉄の駅名表示には、漢字（かな交じり）表記のほかに、ひらがなとローマ字表記がある。このローマ字表記のつづり方は、「ヘボン式 英語方式」《Ono Jiro》になっている。インターネットで調べた限りでは、ＪＲや私鉄の多くが「ヘボン式 長音符号方式」であるのに、なぜか日本全国の主要都市の地下鉄駅名表示はほぼこの方式によっているらしい。桜通線・名城線の「ひさやおおどおり（久屋大通）」は、《Hisaya-odori》である。ローマ字表記のみを見れば「おどり」と発音されても仕方がない。これが「おおどおり」だとわかるためには、別の情報が必要とされるのである。英語で母音の長短の区別がないわけではないが、さほど重要ではないために、また、現在のパソコンなどの入力では、長音符号を母音の上につけるのは面倒な操作を必要とするので、このような表記が一般的になってきている。Tokyo、Osakaなどの表記に慣れ、英語では、このように表記するのだ、と思いこんでいる人も多いであろう。しかし、日本語を表記するのであるから、日本語にふさわしい表記が工夫されるべきではないか。なお、ウ段の長音については、名城線の「じんぐうにし（神宮西）」《Jingu-Nishi》、「じゆうがおか（自由ヶ丘）」《Jiyugaoka》というようにuひとつで表記されている。オ段の長音と同じ方式である。その一方、イ段の長音については、上飯田線の「かみいいだ（上飯田）」が《Kamiida》となっていて、iが三つも連続している（長音符号をつかえば《Kamiĩda》となる）。こちらはiひとつとはいかず、結果的に「かな置き換え方式」と同じになっている。個人的には、「日本語のローマ字表記」は、訓令式で長音は母音字を重ねるのが最良だと思っている。「ひさやおおどおり（久屋大通）」は、《Hisaya-oodoori》「じんぐうにし（神宮西）」は《Zinguu-Nisi》、「じゆうがおか（自由ヶ丘）」は《Ziyuugaoka》となる。

また、名城線の「そうごうりはびりせんたー（総合リハビリセンター）」は《Sogo Rihabiri Center》、「なごやどーむまえやだ（ナゴヤドーム前矢田）」は《Nagoya Dome-mae Yada》となっていて、《Center》、《Dome》という英単語がそのままつかわれている。「リハビリ」は日本語としての省略形であるために、《Rihabiri》としたのであろう。なお、駅到着前の英語アナウンスでも「Rihabiri」である。桜通線の「こくさいせんたー（国際センター）」も英単語をそのままに《Kokusai Center》であるが、こちらはかっこに入れて（International Center）と英語でも示されている。要するに「日本語のローマ字表記」と「（アルファベットによる）英語表記」との区別が明確ではないのである。

おそらく新しい路線が開通するたびに、その時の担当者がそれまでの方式との折り合いをつけながら工夫した結果として不統一が生じたものであり、やむをえない点はある。実は、外来語のローマ字表記をどうするかが、日本のローマ字表記の大きな問題点であり、「リハビリ」はやむをえず《Rihabiri》としたものの、「センター」「ドーム」を《Sentaa》あるいは《Senta》、《Doomu》あるいは《Domu》とすることには抵抗があったのだと思われる。「日本語のローマ字表記」と「英語表記」とを明確に区別して、「日本語のローマ字表記」は訓令式で長音は母音字を重ねるという方式にし、英語でも示すならば、「そうごうりはびりせんたー（総合リハビリセンター）」は《Soogoo Rihabiri Sentaa》（Nagoya rehabilitation Center）、「なごやどーむまえやだ（ナゴヤドーム前矢田）」は《Nagoya Doomu-mae Yada》（Nagoya Dome ,Yada）というようになる（英語表記は筆者の独断である）。

おわりに――「名古屋語」と呼んでもいい

『ケセン語の世界』という本がある。「ケセン語」とは、医師の山浦玄嗣《やまうらはるつぐ》が岩手県気仙《けせん》地方（気仙沼市ではない）の方言をひとつの言語と見なしてつけた名である。ひとつの言語たるもの、辞書と正書法と聖書が必要だ、と聞いてほとんど独力でそれらを完成した（参考文献を参照）。ユネスコが二〇〇九年に発表した「危機言語」（消滅の危機にある言語）には「アイヌ語」のほかに八丈島や奄美や沖縄諸島のことばも「言語」とみなして、新聞報道では八言語（「アイヌ語」「八重山語」「与那国語」「沖縄語」「国頭語」「宮古語」「奄美語」「八丈語」）あげられているとされた。日本語学・言語学では、「琉球語」「東京語」という用語がつかわれることもある。また、清水義範（一九九四）、同（二〇〇三）のように「名古屋語」と呼ぶことも可能である。

「朝鮮語」と「韓国語」とは、たがいに通じあうという意味でほぼ同じ言語体系をさし、たとえば英語ではどちらも〝Korean〟である。「広東語」は、「中国語」の一部のはずだが、「広東方言」とはあまり言わない。「スペイン語」と「ポルトガル語」は似ていて一部通じるが、ふつうは別言語とされている。これだけ違えば別言語、という客観的なものさしはない。

原理的には、「言語」と「方言」の区別は不可能である。政治的なあるいは民族意識などの理由から、習慣的に「〇〇語」という名称が定着しているかどうか、だけである。「名古屋語」と呼んでいけないという決まりは、「どっこにもあれせん」（＝どこにもない）。

参考文献

井上史雄［いのうえ・ふみお］（二〇〇三）『日本語は年速一キロで動く』講談社現代新書
井上史雄（二〇〇七）『変わる方言　動く標準語』ちくま新書
NHK放送世論調査所編（一九七九）『日本人の県民性　NHK全国県民意識調査』日本放送出版協会
鏡味明克［かがみ・あきかつ］（二〇〇六）「幼児語の分布と伝播」（『月刊言語』三五―九　大修館書店）
河合真美江［かわい・まみえ］（二〇〇六）「「四つんばい」の民俗学」（『月刊言語』三五―九　大修館書店）
二代目　勤勉亭親不孝［きんべんてい・おやふこう］（一九九五）『試験に出る　名古屋弁会話　集中講座』サンマーク出版
二代目　勤勉亭親不孝（二〇〇二）『声に出して読みてゃあ名古屋弁』すばる舎
芥子川律治［けしかわ・りつじ］（一九七一）『名古屋方言の研究　江戸時代編』名古屋泰文堂
佐藤和之［さとう・かずゆき］、米田正人［よねだ・まさと］編著（一九九九）『どうなる日本のことば　方言と共通語のゆくえ』大修館書店（もととなったのは、一九九五年の『月刊言語』二四―一二の「特集：変容する日本の方言」大修館書店）
真田信治［さなだ・しんじ］（一九八四）「社会言語学と方言」『国文学解釈と鑑賞』四九―七（六二三）　至文堂
清水義範［しみず・よしのり］（一九九四）『笑説　大名古屋語辞典』学習研究社（のち、『改訂決定版』として一九九八年　角川文庫）
清水義範（二〇〇三）『やっとかめ！　大（でゃあ）名古屋語辞典』学習研究社（通称「やっとかめ版」）
庄司博史［しょうじ・ひろし］、ペート＝バックハウス・フロリアン＝マルクス編著（二〇〇九）『日本語言語景観』三元社

田中ゆかり［たなか・ゆかり］『「方言コスプレ」の時代―ニセ関西弁から龍馬語まで―』岩波書店
友定賢治［ともさだ・けんじ］編（一九九七）『全国幼児語辞典』東京堂
友定賢治（二〇〇六）「育児語の方言地図」（『月刊言語』三五―九　大修館書店）
永瀬治郎［ながせ・じろう］（一九九四―一九九五）「キャンパスことば全国分布図」『月刊言語』二三―五～二四―四　大修館書店
永瀬治郎（二〇〇六）「若者ことば全国分布図」『月刊言語』三五―三　大修館書店
成田徹男［なりた・てつお］（二〇一一）「ローマ字表記の問題点」『人間文化研究』一六号（名古屋市立大学大学院人間文化研究科）
彦坂佳宣［ひこさか・よしのぶ］（一九九七）『尾張近辺を主とする近世期方言の研究』和泉書院
平山輝男［ひらやま・てるお］ほか編（一九九二）『現代日本語方言大辞典　第一巻』明治書院（「愛知県方言」担当：鏡味明克）
ふるさとナマリ研究会（二〇〇五）『かわいい方言手帖』河出書房新社
本部建二［ほんべ・けんじ］（二〇〇六）『大名古屋検定』インデックス・コミュニケーションズ
松本修［まつもと・おさむ］（一九九三）『全国アホバカ分布考』太田出版（のち、一九九六年　新潮文庫）
山浦玄嗣［やまうら・はるつぐ］（一九八六a）『ケセン語入門』共和印刷企画センター
山浦玄嗣（一九八六b）『ケセン語大辞典上・下』無明舎出版
山浦玄嗣（二〇〇二～二〇〇四）『ケセン語訳新約聖書　全四巻』イー・ピックス
山浦玄嗣（二〇〇七）『ケセン語の世界』明治書院

Part 2
名古屋のまちづくりと観光

名古屋の観光まちづくり

山田　明

はじめに―名古屋のイメージと評価

観光は「地域の光を心をこめて見る」ことであり、地域のイメージと評価が観光の動向を左右することになる。人口二二〇万余りの大都市名古屋は、どのようなイメージをもたれ、どのように評価されているか。名古屋の都市としての個性と魅力の評価について、各種調査や言説からさぐっていこう。

名古屋市が二〇一二年一二月一七日に発表した市政世論調査によると、名古屋の良いところは「地理的に日本各地への移動が便利」が六割余りでトップであった。次いで「ものづくりの拠点としての技術水準の高さ」「道路が広くて整備されている」「名古屋の水道水がおいしい」「三英傑ゆかりの地で歴史がある」などが続いている。

一方、名古屋の悪いところ・嫌いなところは「夏が蒸し暑い」が六割強と最も多く、次いで「交通マナーが悪い」「観光名所が少ない」が四割台で続いている。交通マナーと観光名所が同じように評価されている。「観光名所が少ない」という回答は、観光のとらえ方にもよるが、市民が名古屋の魅力や観光に対して、どのように考えているかを知るうえでのヒントになる。全国的な調査では、名古屋はどのように評価されているのであろうか。

〝あまりぱっとしない〟都市＝名古屋

すこし古いが、観光関係の有識者・観光事業者・自治体職員で構成される「都市観光を創る会」が二〇〇〇年二月に実施した調査によると、国内外の都市の魅力は「街並み、景色がいい」が最も多く、次いで「食べ物、酒がおいしい」「歴史、文化遺産がある」「地域に個性がある」の四項目で大半を占める。国内の魅力ある都市のトップは京都であり、その理由として「伝統文化が豊富」「歴史のある建築物とその街並み」といった意見が多かった。次いで回答が多かった金沢も同じような理由であった。一方で、魅力を感じない都市として最も多かったのが名古屋であり、理由としては「何もない」「あまりぱっとしない」「個性がない」といった意見があがっている（白石真澄「都市観光を可能にする都市の魅力」『ニッセイ基礎研ＲＥＰＯＲＴ』二〇〇〇年一〇月）。

ブランド総合研究所が二〇〇六年から毎年実施している「地域ブランド調査」は、インターネットにより全国の二〇代から六〇代の消費者三万人余から回答を得て、地域の魅力度などを順位づけしている。二〇一一年度調査によると、名古屋市は認知度では二位を占めるが、魅力度は二五位にとどまる。日本有数の大都市として認知度は高いものの、魅力度は低い水準にある。ちなみに認知度一位の大阪市も、魅力度では三一位にとどまり、名古屋と同じような傾向にある。魅力度ランキング一位は札幌市であり、函館市・京都市・横浜市・神戸市と続く。名古屋市は魅力度や観光意欲度は低い水準にあるが、食品の産品購入意欲度が四位と上位を占めているのは、人気上昇の「なごやめし」効果によるものであろう。

岩中祥史『日本全国都市の通信簿』（草思社、二〇〇七年）による都市評価を見ても、名古屋の魅力はあまり芳しくない。通信簿では全国から三五市を選んで、「行ってみたい度」「刺激度」「住んでみたい度」「いやされ度」「ガックリ度」という指標により、各都市を五段階評価している。名古屋市は三五市のなかで評価はかなり低い。政令指定都市をとり出し、都市魅力や観光に関係しそうな「行ってみたい度」「刺激度」「ガックリ度」という指標で都市比較すると、名古屋市は千葉市やさいたま市と同じ最も低いグループに位置している。

名古屋は好調な経済を反映して、愛知万博前後は「最強の名古屋」などと呼ばれたりした。二〇〇四年五月二一日発行の『週刊東洋経済』臨時増刊は、「日本経済をリードする最強の名古屋」という特集を組んだ。さらに二〇〇六年四月五日発行の臨時増刊特集では「リアル名古屋、強さは本物だ！」というタイトルを掲げ、万博後も名古屋が失速しない理由として、名古屋駅前（名駅前）に完成した中部一の高さを誇る「ミッドランドスクエア」などをあげる。読売新聞の二〇〇六年元旦特集でも、名駅前は高層ビルが林立する「名古屋マンハッタン」に変わりつつあり、日本経済の牽引役「元気ナゴヤ」が「世界都市」へと変貌しようとしていると指摘する。

名古屋は自動車産業をはじめとした「ものづくり」の中心都市として、経済面での評価は高いものがあった。リーマン・ショックとトヨタ・ショック、そして二〇一一年三月一一日の東日本大震災と原発事故以降は大きく変化し、生活保護世帯の急増に象徴される貧困問題がクローズアップされてくる。名古屋経済はここ数年かげりが見られるが、全国有数のものづくり・生産基地に変わりはなく、経済面での評価は依然として高いものがある。その反面、都市としての個性と魅力に欠け、大都市のなかでも観光面での評価は低い傾向が続いている。その要因を名古屋のまちづくりから検証し、観光戦略・観光まちづくりを方向づけていきたい。その前に名古屋のまちの個性と評価に関わる言説を紹介しておく。

村上春樹の名古屋観

村上春樹・吉本由美・都築響一『東京するめクラブ　地球のはぐれ方』（文春文庫、二〇〇八年）は、まずは「魔都、名古屋に挑む」として、食材編「失われた世界としての名古屋」と文化編「日本は

『東京するめクラブ 地球のはぐれ方』（村上春樹ほか・文春文庫）

世界の名古屋だったのか」を展開する。座談会の村上春樹の発言が興味深い。名古屋に行っても「ただ単に空間移動して、架空の都市というか、抽象的な、観念的なところに来た、みたいな感じがする。」「東京というのは、歴史の連続性もあるし、地理的な連続性もあるし、それらが絡みついてる都市なわけ。それが名古屋って、そういうのが稀薄な印象だから、手がかりみたいなものがなくて、戸惑っちゃうところがあるよね。」「この町には、物語を作っていく段階になんか欠落があるような気がしてならないんだよね。」

こうした村上春樹の指摘は、名古屋の個性と魅力を評価していくうえで示唆に富む。名古屋都市センターが刊行した記憶のある都市景観を写真で綴る『景観が語る名古屋』（一九九九年）においても、「都市名古屋の一世紀」として次のように述べている。魅力ある都市景観には感情に語りかけてくる「物語」がある。都市の景観はそこに住みついた人々の価値観と文化の反映なのだから。

慶長の城下町建設から明治維新、そして戦災復興を経た都市名古屋の足跡は、都市計画と実践の歴史であったが、同時にそれは、古いものを壊し、新しいものを建設するという開発の論理によって押し進められて来たことを意味している。古い建造物を手掛かりに定点観測を試みたこの写真集の製作過程で気付いたことは、新しさと引き換えに私たちは界隈への愛着や記憶の拠り所を失おうとしている現実だった。成熟した都市には、時間や記憶が可視化されたモニュメントがもっと欲しいというのが率直な印象である。守る景観と作る景観のバランスとコントラストが、都市をいっそう魅力的に輝かせるにちがいない。

都市として歴史ないし地理的連続性やストーリー性の欠如、界隈への愛着や記憶の拠り所の喪失といった言説を参考にして、名古屋のまちづくりを過去から振り返っていきたい。

名古屋のまちづくり　過去から現在へ

いくつかの章において、名古屋の歴史とまちづくりを取り上げているが、ここでも大まかに慶長の城下町建設から紐解いていこう。

城下町の誕生と「清洲越」

名古屋のまちづくりの物語は、城下町の建設から始まる（名古屋市博物館『名古屋四〇〇年のあゆみ』二〇一〇年参照）。関ヶ原の戦い後、西国大名の監視役として清洲城に据えた松平忠吉（家康の長男）が、慶長一二年（一六〇七）に病死し、徳川義直がその後継につく。慶長一五年、家康は義直のために名古屋台地の西北端、清洲と熱田のほぼ中央に位置する熱田台地に巨大な城を計画する。清洲から約八キロ離れ、熱田神宮を南端に逆三角形に広がる標高一〇〜一五mの地盤がしっかりした台地である。加藤清正をはじめ西国大名に土木工事を分担させ、築城と城下への水運のために、堀川の開削を行わせた。

名古屋の都心を流れる堀川は、名古屋名所団扇絵集「堀川花盛」などに紹介されているように、江戸の時代には花見客で賑わった。今では川の両脇に建物が立ち並び、汚濁も急速に進んできた。堀川再生は中川運河とともに、名古屋の都市景観と魅力を高め、観光戦略を考えるうえで重要な課題となっている。堀川の歴史と再生については、毎日新聞なごや支局『よみがえれ堀川「まち」と「川」を「ひと」でつなごう』（風媒社、二〇〇八年）参照。

築城とともに、城の南に広い空間を設け町人の住む地域とし、直線道路を碁盤の目のように交差させた。東西の九本の筋と南北の一一本の通りによってできた九九のブロックが碁盤割のまちである。この碁盤割の南側と城の東側には武家屋敷を配置し、その外側に寺院を集めた。新しい城下町には、主に清洲から武士や町人が移り住んだが、その移動は人にとどまらず、橋や寺院、家の建材、そして地名までも含む大規模なものであった。大須観音も家康の命で、一六一二年に現在地に移ってきた。数万もの人がわずか二〜三年で移住した。この大移動は「清洲越」と呼ばれ、ここから名古屋のまちづくりが始まる。「清洲越」から四〇〇年を経た二〇一〇年は、「名古屋開府四〇〇年」

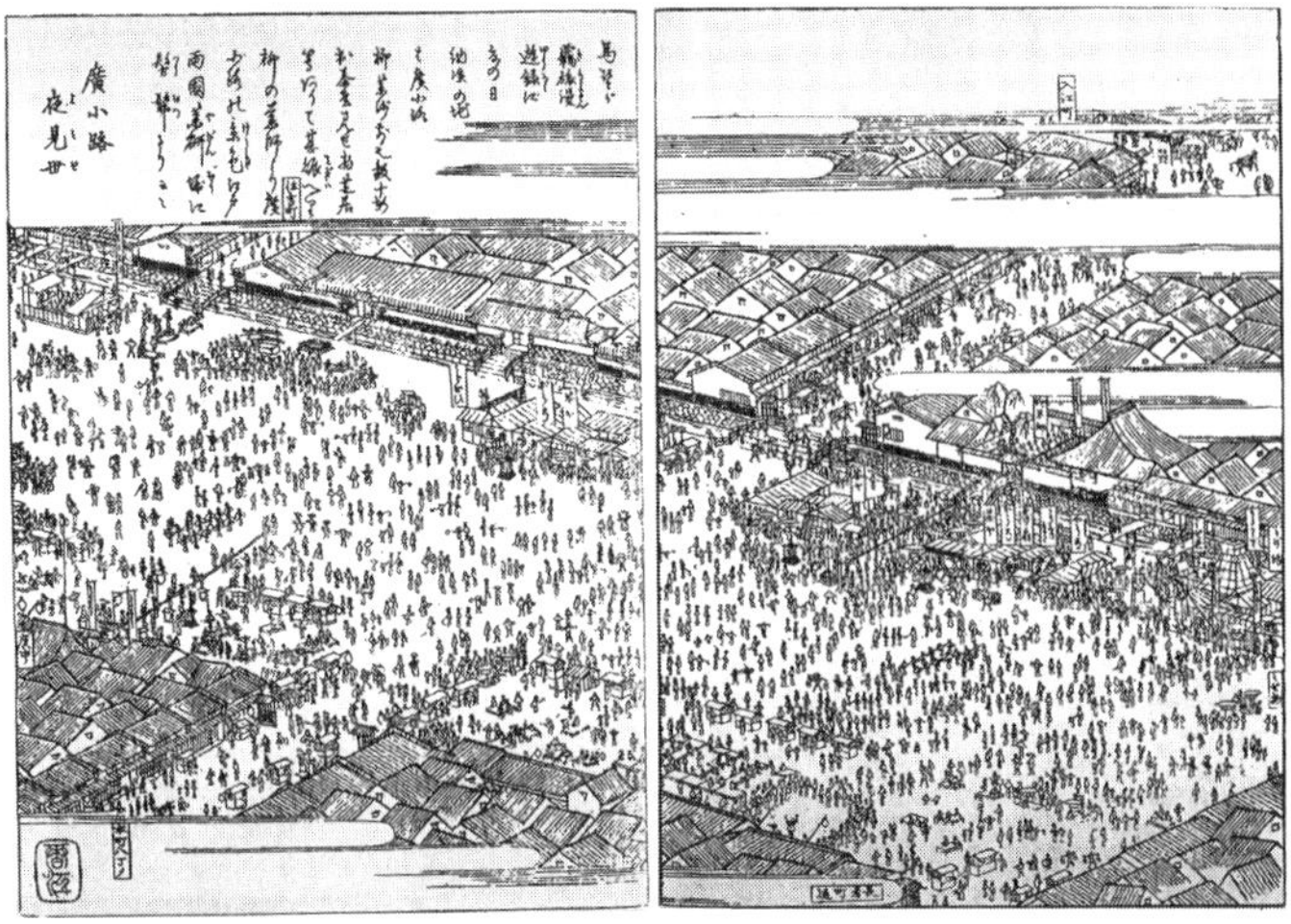

広小路のにぎわい（『尾張名所図会』）

の節目にあたり、記念行事などが行われた。

防災対策でつくられた広小路通り

二〇一一年三月一一日の東日本大震災は、あらためて防災・減災まちづくりの課題を提起している。国土地理院の標高地図を見ると、熱田台地西北端に位置する名古屋城から熱田神宮までの標高に比べて、名古屋西南部の標高の低さが一目でわかる。名古屋の防災・減災まちづくりにとっても、「清洲越」は城下町の「高台移転」としても大きな意味がある。標高地図を眺めると、堀川をさかいに西側と東側の大きな違い、東高西低という標高がはっきりと見てとれる。現在とりわけ再開発・都市改造が進められている名古屋駅（名駅）地区あたりの地盤の低さと弱さが気にかかる。三・一一という大災害を経験した、現代日本の名古屋に住む私たちにとって、四〇〇年前の城下町建設、「清洲越」から学ぶことも多いのではないか。

江戸時代の災害のなかで、火事は最も大きな被害をもたらした。名古屋城下でも万治三年（一六六〇）と元禄一三年（一七〇〇）の大火では、防火対策として道路が拡幅され、広小路や四間道といった広幅員の道路がつくられた。とりわけ名駅と栄の都心を結ぶ広小路は、現代の名古屋のメインストリートになっている。徳川宗春の時代に名古屋では開放的な政策がとられ、門前町の大須観音などでは芝居や見世物小屋が立ち並び、城下は大いに賑わった。当時は吉宗の享保の改革で華美なものは禁じられており、宗春の尾張名古屋の繁栄は三都（江戸、大坂、京都）を凌ぐといわれ、その中心が大須観音を中心とした南寺町であった。

百万都市に成長――戦前の名古屋

時代は幕末から明治へと移り、名古屋にも近代化の波が押し寄せてくる。明治二二年（一八八九）に市制町村制が施行され、この年の一〇月一日に名古屋市が誕生する。市域面積は一三・三平方キロ、人口は一五万七千人ほどであった。

その年に東海道線が全線開通し、明治三一年には市内電車が走り始める。明治四〇年には名古屋港が開港し、原料輸入や製品輸出など貿易も盛んになる。現在の鶴舞公園の地で「第一〇回関西府県連合共進会」という博覧会が開催され、九〇日間に二六〇万人もの人が訪れたという。名古屋はこの頃から「博覧会太り」などと言われたが、博覧会という名のイベント開催にあわせて都市基盤がテンポを速めて整備されてきた。今でいえば「お祭り型公共事業」による都市改造・まちづくりである。

その後、名古屋市は周辺町村を合併して市域を拡大し、全国でも有数の区画整理により造成された市街地を中心に人口が増加する。一九三四年に人口は一〇〇万人を突破した。戦前の名古屋は人口一三〇万人の大都市となり、東京と大阪に次ぐ日本第三の都市として重要な位置を占める。

『名古屋都市計画史』（名古屋都市センター、一九九九年）から、まちづくりと戦災復興計画の歩みを概観しよう。名古屋市は大正七年（一九一八）に東京市区改正条例の準用都市に指定され、近代都市計画を樹立するにあたり、市是を「工主商従」と定め、工業都市の建設をめざした。名古屋は地場産業とともに、ものづくりを土台とした軍需産業も活発であった。戦時中は日本有数の軍需工業・兵器生産都市として特色づけられる。なかでも航空機の生産に関しては、発動機の生産量において全国の四一・六％を占めた。そのため東京とともに、米軍による爆撃の格好の標的になった。

焼失する直前、金鯱を下ろすために足場を組んでいた名古屋城天守閣

名古屋市が最初に受けた本格的な空襲は、昭和一九年

（一九四四）一二月一三日の東区にあった三菱発動機工場に対する爆撃であった。一九四五年（昭和二〇）三月一二日に始まった地域爆撃は、主として焼夷弾による夜間爆撃という形で行われ、都心部の公共建築、会社、銀行、繁華街は壊滅的な打撃を受け、市の中心部は焦土と化し、市民を混乱の渦に巻き込んだ。延べ三八回に及ぶ空襲により、全市域の二三・九％が灰燼に帰した。中心部の東・中・栄（四五年一一月に中区に合併）・熱田の各区は区域の五〇〜六〇％が焼失した。多くの市民が犠牲になり、出征・疎開・被災等のために人口も半減した。名古屋のシンボルとも言える名古屋城天守閣、大須観音なども焼失した。

焦土からの復興、そして新たなまちづくりへ

一九四五年八月一五日に一五年におよぶ戦争は、大きな犠牲と混乱をもたらして終わった。焦土と化した市街地を前にして、課題は山積していたが、瓦礫除去やインフラの復旧とともに戦災復興事業に取り組む。復興計画を策定するにあたり、名古屋市は戦前から土地区画整理事業については豊富な経験の蓄積があることから、区画整理を主体として復興を行う方針をとる。現在の名古屋のまちの骨格、都市基盤をつくったのが戦後ただちに大々的に実施された戦災復興土地区画整理事業である。名古屋は戦災復興のモデル都市、「区画整理のまち」などと言われ、その後のまちづくりに大きな影響をあたえる。『新修名古屋市史第七巻』によると、復興土地区画整理事業で名古屋のまち

空襲により焦土と化した名古屋市街（中央は松坂屋百貨店）

は次のように変わっていった。①市街地の整備水準の高さ、②広幅員道路の都市、③都心の基盤整備、④一〇〇m道路と大通公園など。都心の栄周辺の墓地が、郊外の平和公園に「交換換地」により集団移転されたことも特筆される。

都心の墓地移転や一〇〇m道路、テレビ塔などの建設は、復興のシンボルであるとともに、名古屋のまちの個性と魅力にも影響をおよぼす。「戦災によって焦土と化した都心は、戦災復興土地区画整理によってつくられた久屋大通を初めとする広幅員の街路網によって整然とした街区に変わり、高層ビルが乱立するようになった。……名古屋市は機能的都市として発展してきた反面、戦災をくぐり抜けてきた戦前の建築物が都心から姿を消したり、市電など往時の面影が失われ、新市域では宅地造成によって農地や林地が消失して、自然環境も大きく変わった。このような景観の変容を反映して、次第に『白い街名古屋』というイメージが形成された。」

「焼け野原のなかで進められたまちづくりにおいても、戦後の復興が急がれるあまり街の歴史や地域的特性を顧みるゆとりに欠けるきらいがあった。他都市に先駆けていち早く取り組まれた戦災復興事業は、来るべき車社会を予測し、先ず土地の整備を目指す区画整理手法を用いて急増する人口や産業に対処しようとしたのである。名古屋の市街地は戦前からの民間の手になるものを含めると、現市域の約七〇％が土地区画整理によってできあがっている。……事業手法の性格上、上物の建築物との一体的な整備を行う仕組みにはなっていないことから宅地造成が先行する結果になる。名古屋のまちが機能的で利便性が高いと言われる反面、白い街、画一的な街と言われるのはこのあたりに原因があるかもしれない。」

こうした指摘は、名古屋のまちづくり・都市計画を評価する際の重要な論点のひとつであった。高度成長の時代になると、雇用機会の拡大に伴って人口が急増し、モータリゼーションにより都市が外延的に膨張していった。土地区画整理によって全国有数の面的整備がなされ、新市街地が形成されていった。とりわけ東部の宅地開発は山を削り、緑を奪っていくことになり、都心部の広い道路と相まって「白いまち」と形容される問題がいちだんとクローズアップされる。

名古屋市は一九七七年の基本構想、そして八〇年の基本計画において、「ゆとりとうるおいのあるまちづくり」を打ち出した。このなかで有松や四間道などの歴史的環境の保存がとりあげられ、個性的な都市の魅力づくりが課題とされる。二〇〇〇年に策定された名古屋新世紀計画二〇一〇は「誇りと愛着を持てるまち・名古屋をめざして」と題して、今後のまちづくりを方向づけている。そのなかで「まちづくりには、都市の風土と特性に配慮した都市基盤の整備をすすめるとともに、そこに住んでいる人々が自分のまちへの愛情や誇りの感情を自分の心の中に育てていくことが必要です。わがまちへの愛着を持つことにより、都市の魅力を実感し、自らのまちに誇りを持つことができます。」と述べている。これは名古屋の「観光まちづくり」を考えていくうえでも重要な指摘といえよう。

観光まちづくりと観光戦略ビジョン

名古屋が都市としての個性と魅力に欠けるのは、戦争により歴史的遺産と景観が豊富な市街地の大半が焼失したことが大きく影響している。それと戦後の戦災復興事業により、機能的・効率的なまちづくりが推進されてきたことにもよる。名古屋の観光戦略に参考になるのが、一〇年ほど前から注目を集めている観光まちづくりである。

名古屋の観光まちづくり

観光まちづくりが観光施策として位置づけられるようになったのは、二〇〇〇年一二月の観光政策審議会答申「二一世紀初頭における観光振興方策」からである。提唱者の一人である西村幸夫は観光まちづくりを次のように定義している。

地域が主体となって、自然、文化、歴史、産業、人材など、地域のあらゆる資源を活かすことによって、交流を振興し、活力あるまちを実現するための活動である。また、地域社会と地域の資源と来訪者の三者がそれぞれ齟齬を来たすことなく、サスティナビリティが保証されているまちづくりである（西村幸夫「まちの個性を活かした観光まちづくり」『新たな観光まちづくりの挑戦』ぎょうせい、二〇〇二年）。

東京都は二〇〇四年三月に「観光まちづくり基本指針」を策定した。それによると観光まちづくりとは、点在する観光資源を有機的に結びつける新たな取組みであり、地域が主体的に関わり、一体となって、地域特性を活かし、観光の視点に立ったまちづくりを行うことである。また「まち」全体の魅力を高めていくことにより、住む人が誇れ、旅行者が何度でも訪れたくなるような活力ある「まち」を目指すものである。そこでは、住む人と来訪者との交流が図られ、両者の満足が同時に得られる。このような観光まちづくりは、世代を超えて、地域の貴重な観光資源を継承し、観光をバランスよく、持続的に発展させていくための有効な手段となる。

こうした観光まちづくりの方向は、名古屋でも観光戦略ビジョンなどに反映されている。名古屋市は二〇〇八年一〇月に「観光アクションプラン」を策定した。名古屋の魅力を高め、訪れたくなるまちを実現し、都市の活性化を図ることを目指す。そのため①観光資源の活用、②観光プロモーションの推進、③ホスピタリティの醸成、④広域観光の推進、という基本的視点を踏まえ、本プランに掲げる事業を全庁で取り組むとする。とりわけ「全庁で取り組む」という七文字が注目され、市役所が一丸となって観光施策に取り組むことが期待される。

名古屋市は「観光アクションプラン」を踏まえ、一〇年先の将来を見据えた観光戦略ビジョンを策定することになり、名古屋市観光戦略研究会が設置された。この研究会には市の関連部局からも参加があり、観光施策に「全庁で取り組む」という姿勢が見受けられた。研究会の座長を務めたが、観光まちづくりの視点を強調した。研究会「提言」にも次のように記されている。住む人が誇れ、旅行者が何度でも訪れたくなる「まち」に向けた取り組み、観光まちづくりにより、大都市名古屋の魅力と活力をアップさせる。地域が一体となった観光まちづくりを推進して、「住んでよし、訪れてよし」の名古屋を官民一体、市民との協働の取り組みにより実現する。

「歴史観光」と「都市観光」

二〇一〇年一二月策定の名古屋市観光戦略ビジョンは、基本理念を「飛躍する名古屋の観光～世界的な交流拠点都市をめざして」として、その実現に向けた第一の視点に名古屋らしい魅力の創出をあげる。そのなかで「歴史観光」と「都市観光」の推進を今後一〇年間の取り組みとして掲げる。

東海道・宮の渡し(現在)
熱田と桑名の七里(海路)を結ぶ東海道の渡し

「歴史観光」と「都市観光」について、観光まちづくりの側面からいくつかの課題を提示していこう。

「歴史観光」については、いくつかの章で言及されているので、ここでは二〇一一年策定の名古屋市歴史まちづくり戦略を取りあげたい。歴史まちづくり戦略策定の趣旨は、本書の問題意識とつながるものである。「名古屋は、古代熱田における文化の興隆、近世城下町としての都市の形成と発展、近代における産業都市化による大都市への飛躍など、幾多の歴史を積み重ねてきたまちです。しかしながら、戦災によって、まちのシンボルであった名古屋城天守閣をはじめ、城下・熱田の大半を焼失してしまいました。また、名古屋は市街地の大半を区画整理で整備される一方、失われた歴史資源も少なくありません。語り継がれる歴史の積み重ねは多いものの、現在の市街地において歴史を物語る町並みや風景は多くは残っておらず、身近にまちの歴史が感じられにくい都市環境ともいえます。」

こうした現状認識から、歴史まちづくり戦略の目標を「人・まち・歴史をつなぎ、絵となり物語となり、時とともに熟成する『語りたくなるまち名古屋』の実現、身近に歴史が感じられ、もっとまちが好きになる」を掲げる。戦略推進の三つの視点は観光まちづくりにとっても示唆的である。視点一「気候風土や地形を背景とした、古代から現代に至る都市の形成過程や、地域に残された歴史的資源（モノ・コト）を大切にします。」、視点二「いきいきとした生活・交流の息吹が感じられるまちを目指し、市民（生活者・来訪者・事業者等）の視点を大切にします。」、視点三「環境・文化・観光など、分野横断的な取り組みを推進し、総合的な地域まちづくりの視点を大切にします。」

「都市観光」についても、歴史まちづくり戦略で提起されたことが参考になる。観光戦略ビジョンでは、具体的な取り組みとして次の九つを挙げている。文化・観光拠点の魅力向上、産業観光の推進、ベイエリアの魅力向上、イベントの開催・支援による賑わいの創出、文化芸術の振興による都市の魅力向上、なごやめし・土産品の魅力向上、都市機能を活かした取り組み、都市型エコツーリズムへの取り組み、医療観光への取り組み。観光まちづくりという視点から、ここでは都市型エコツーリズム、都心の魅力と観光についてふれておきたい。

二〇〇九年三月の名古屋の観光推進を考える研究会報告書でも、観光推進の基本戦略として次のように指摘している。「二〇一〇年のCOP10開催に合わせて、観光施策の一つとして『都市型エコツーリズム』が求められる……名古屋市は『環境首都』をめざしており、観光政策においても環境を施策の一つと位置づけたい。二〇一〇年は開府四〇〇年とともに、COP10開催という記念すべき年であり、『アーバン（都市型）エコツーリズム都市・名古屋』としても内外にアピールすることが求められる。」名古屋には東山動植物園や平和公園などの「東山の森」、ラムサール条約に登録されている藤前干潟など、大都市としては自然豊かなところがある。また、四間道や覚王山などの町並みも魅力的である。観光まちづくりに「都市型エコツーリズム」を取り入れ、観光と環境を融合させる取り組みを期待したい。

高層ビル建築が相次いで進む名古屋駅地区

名古屋の都心も観光まちづくりにとって重要な位置を占める。名古屋市中心市街地活性化基本計画においても、都心について次のように指摘する。広域的な交流の拠点である名古屋駅地区では、高層ビルが相次いで建設され、業務・商業を中心に新たな人の流れが生まれるなど、多大な波及効果があらわれている。一方、都心における商業の拠点である栄地区は百貨店・ブランド店などが多数集積しており、買物の場のみならず文化・流行の中心としての役割を果たしている。栄地区の南部に位置する大須は、さまざまな店舗が集積する「ごった煮」的な下町としての様相を呈している。

名古屋の魅力や観光まちづくりにとって、名駅・栄・大須・伏見、それらをつなぐ広小路通、テレビ塔のある久屋大通りなど、都心の魅力をどう高めるかが観光まちづくりにとっても大きな課題である。

参考文献

岩中祥史［いわなか・よしふみ］（二〇〇七）『日本全国都市の通信簿』草思社
村上春樹［むらかみ・はるき］・吉本由美［よしもと・ゆみ］・都築響一［つづき・きょういち］（二〇〇八）『東京するめクラブ 地球のはぐれ方』文春文庫
名古屋都市センター（一九九九）『景観が語る名古屋』
名古屋市博物館（二〇一〇）『名古屋四〇〇年のあゆみ』
毎日新聞なごや支局（二〇〇八）『よみがえれ堀川「まち」と「川」を「ひと」でつなごう』風媒社
名古屋都市センター（一九九九）『名古屋都市計画史』
名古屋市（一九九八）『新修名古屋市史第七巻』
溝口常俊［みぞぐち・つねとし］監修（二〇〇八）『古地図で見る名古屋』樹林舎
伊藤徳男［いとう・とくお］（一九八八）『名古屋の街　戦災復興の記録』中日新聞本社
西村幸夫［にしむら・ゆきお］（二〇〇二）「まちの個性を活かした観光まちづくり」『新たな観光まちづくりの挑戦』ぎょうせい
西村幸夫編著（二〇〇九）『観光まちづくり』学芸出版社
名古屋の観光推進を考える研究会（二〇〇九）『名古屋の観光推進を考える研究会報告書』
名古屋市観光戦略研究会（二〇一〇）『名古屋市観光戦略研究会報告書』
名古屋市（二〇一〇）『名古屋市観光戦略ビジョン』
名古屋市（二〇一一）『名古屋市歴史まちづくり戦略』

留学生に熱田神宮を案内する

浅岡 悦子　文 秀秀

一〇月一七日、中国広州からの留学生・文秀秀さんと二人で熱田神宮へ行った。

文さんが熱田神宮に行くのは今回が二度目で、初めて行ったのは日本に来て二年目の初詣の時だったそうだ。その時は同じ中国からの留学生二人で行ったが、参拝者が大勢いて、本殿しかお参りできなかったという。

鳥居をくぐる時、文さんに「どうして礼をする人としない人がいるのか？」と聞かれた。鳥居は門と同じだから一般的には一礼するのが礼儀だと思うが、私も鳥居をくぐる時に必ず礼をするわけではない。今回も何回か鳥居をくぐったが、毎回礼はしなかった。文さんは神社やお寺が好きで、旅行に先でもよく寺社を巡る。半年程前から始めたという御朱印帳は、もう半分以上埋まっていた。この日熱田神宮でもらった御朱印を見せてもらったが、神社の御朱印はお寺のものと比べて、中央に主祭神ではなく神社名の朱印、左に日付だけを書いた簡素なものに見える。また、文さんは御簾房《みすふさ》がなぜ三色で、色は決まっているのかなど、私がふだん景色の一部として当たり前のように見過ごしてきたことにも注目するので、初めてでもない熱田神宮を案内していても、知らないことがたくさんあることに驚かされた。

私たちが訪れた一〇月一七日は熱田神宮の新嘗祭《にいなめさい》だった。残念ながら雨が降っていたが、神社の祭祀を初めて見た文さんは、「面白い」と興味深そうに見ていた。

新嘗祭とは「春先に行われる五穀豊穣を祈った祈年祭と同様に行われ、秋に新穀をお供えして神の恵みに感謝するお祭り」［熱田神宮・二〇〇九］である。中国にも神様を祀《まつ》る場所があり、秋になると同じように豊穣の祭りをするらしい。私たちは氏子さんたちの後ろの拝殿外側から見学した。新嘗祭を見学している参拝者は大勢いた。拝殿から本殿へと続く門には白い布が張ってあり、

熱田神宮　清水社の御清水

奥は見ることができないが、拝殿にいる神職の方が、今本殿で何の神事が行われているかをマイクでアナウンスしてくれたので、興味深く見学することができた。

熱田神宮宝物館の展示は秋季企画展「熱田神宮の伝説と名所」だった。熱田神宮内の伝説地が境内図とあわせて展示されていたので、境内を回る前に見ることで熱田神宮の予習ができ面白い展示だった。特別展が催されていない時は、入口からすぐの場所に重要文化財の『日本書紀』が展示されているので、熱田神宮に来た際は宝物館に立ち寄るといいだろう。

文さんは特に中国の四大美人（西施、王昭君、貂蝉、楊貴妃）の一人である楊貴妃の墓石があったと伝えられている清水社に興味を持った。清水社は「御祭神は水をつかさどる神様である罔象女神《みつはのめのかみ》をお祀りしております。社殿の奥に水が湧いていることから、俗に「お清水さま」と呼ばれ、その水で眼を洗えば眼がよくなり、肌を洗えば肌がきれいになるという信仰があります」［熱田神宮・二〇〇九］とある。清水社に行くには神楽殿の横の細い道を奥に入って行かなければならないため、私もその存在すら知らなかったが、現在はパワースポットとして注目されているらしい。

熱田神宮の楊貴妃伝説は、熱田神宮の祭神である熱田大神が楊貴妃に化身して、日本侵攻を企てる玄宗皇帝の野望を止めたという伝説である。白居易の「長恨歌《ちょうごんか》」には玄宗皇帝が死んだ楊貴妃の魂を方士に命じて探させ、方士は遠い蓬莱（熱田）の地で楊貴妃を発見したという内容が歌われている。『張州雑志《ちょうしゅうざっし》』『熱田神宮古絵図《あつたじんぐうこえず》』には本宮回廊の後方に白い五輪塔が描かれ、楊貴妃の墓とされている。江戸時代の史料によると、この五輪塔は貞享三年（一六八六）の御修理から見られなくなったらしい［熱田神宮・二〇一二］。

案内板によると清水の中央にある石が楊貴妃の墓石の一部だと言われている。清水社の裏にある湧水は、神社の関係者の話では地下鉄工事の影響で現在は水がほとんど湧き出ていないとのことだが、水場まで下りていくことができる。

この他にも熱田神宮には、天智天皇の時代に草薙《くさなぎの》神剣《みつるぎ》が盗まれた事件にちなんだ「あかずの門」や、神剣が無事戻った故事に基づく「酔笑人神事《えようどうしんじ》」、花は咲くのに実は生《な》らない「ならずの梅」、蛇が住んでいて雨になると下へ降りてくると言われる弘法大師お手植えの大楠、日本三大土塀の一つ「信長塀」など、詳しく伝承を聞くと興味尽きない伝説地がたくさんあることを、宝物館の展示で知ることができた。熱田神宮のホームページでは、映像と音声で境内めぐりの疑似体験ができるから、事前に伝説等を調べてから参詣すれば、さらに楽しめると思う［熱田神宮・二〇〇九］。

熱田神宮は名古屋城とともに、中国の観光ツアーに含まれているらしく、時々団体の観光客を見かけることがある。文さんと行って気付いたのだが、熱田神宮には外国語による案内表示はほとんどなく、日本語にも振り仮名をふっていないので、留学生の文さんでも何が書いてあるか分からない所もある様子だった。

名古屋に住んでいても、初詣やあつた祭、七五三の時ぐらいしか熱田神宮に行ったことがないという人は多いと思う。そうした行事の時は、今回行った清水社など、境内全体を巡ることはできないので、何もない時期に行ってみると、知らないことがたくさんあることに気づくことができるだろう。

参考文献

熱田神宮（二〇一二）『熱田神宮の伝説と名所』図録。
熱田神宮（二〇〇九）「熱田神宮総合ホームページ」
http://atsutajingu.or.jp/

名古屋城の本丸御殿復元を考える
—熊本城の復元を参照して—

吉田　一彦

はじめに——比較の視点

名古屋城と熊本城はよく似ている。どちらも加藤清正（一五六二—一六一一）が築城に関わった清正ゆかりの城だ。熊本城は、一六世紀初めに清正によって築かれた城で、「武者返《むしゃがえ》し」と呼ばれる清正流石組のそそりたつ石垣、大天守と小天守の二つを持つ連立式の天守閣、多数の櫓《やぐら》の設置など、難攻不落の名城としてよく知られている。城内には多くの井戸が設置され、水の準備も万全である。

二つの清正像

今日、熊本城を訪れると、行幸《みゆき》橋のところに清正の銅像があり、長烏帽子《ながえぼし》形兜《なりかぶと》をかぶり、采配《さいはい》を手に持った印象的な姿で私たちを迎えてくれる。これは、一九七九年に熊本マグナライオンズクラブが中心になって建立した像で、高藤鎮夫氏（一九一〇―八八、名古屋市生まれ、日展会員）の作である。

名古屋城にも正門の南側に清正の銅像がある。これも同じ一九七九年にカゴメ株式会社が創業八〇周年を記念して建像し、名古屋市に寄付したという像で、長烏帽子形兜をかぶり、采配を手に持った、同じ高藤鎮夫氏による作である。城内には、また清正公石曳《いしび》きの像がある。こちらの像は、大石の上で運び手の人夫たちを鼓舞する清正の姿を造形したもので、『尾張名所図会』にも図が描かれる清正の説話的場面を像にしたものである。これは一九七九年に名古屋北ライオンズクラブが一五周年記念に建像したもので、石黒鏘二氏（一九三五―、名古屋市生まれ、名古屋造形芸術大学学長など歴任）の作である。

名古屋城の加藤清正像
正門の南側にある。名古屋城、熊本城とも加藤清正像は1979年の設置。高藤鎮夫作。長烏帽子形兜をかぶり、采配を手に持つ。

名古屋城は徳川家康が築いた城であるが、加藤清正も築城に関わった。名古屋城の造営は、西国二〇人の大名たちに普請《ふしん》の助役が命じられて進められ、清正は天守台の造営を担当した〔新修名古屋市史三・一九九九〕。その石垣は上部に行くほど垂直近くにそそり立ち、天守閣は大天守と小天守の二つを持つ連立式であり、十分な水を得るための井戸が設置されている。二つの城には類似点が多い。

消失と復興の歴史

近現代における焼失の歴史、復興の歴史に関しても二つの城には類似点がある。肥後国《ひごのくに》では、寛永九年（一六三二）に加藤氏が改易されてしまい、その後に細川忠利《ただとし》（一五八六―一六四一）が入国した。以後、熊本城は江戸時代を通じて細川氏の居城となって、明治維新をむかえた。明治一〇年（一八七七）二月、西南戦争が勃発すると、薩摩軍は、熊本鎮台が置かれていた熊本城を攻撃すべく進撃した。二月一九日、熊本城では城内から火が出て燃え広がり、長く雄姿を誇った天守閣と本丸御殿をはじめ、多数の櫓、門などが焼けてしまった。この出火の原因については自焼説、失火説、放火説などの諸説があり、今日なお定見を得ないが［小川原正道・二〇〇七、猪飼隆明・二〇〇八］、いずれにせよ戦争が開始されたという事態が根本の原因になって焼失してしまったことはまちがいない。

熊本城は、のち一九六〇年に天守閣が復元（外観復元）、再建された。これは鉄筋コンクリート製での復元であった。さらに二〇〇八年、本丸御殿が復元、再建され、一般公開された。一方、名古屋城は、Ｐａｒｔ１「大須・名古屋城・熱田神宮」で述べたように、一九四五年の名古屋大空襲によって天守閣、本丸御殿などを失ってしまったが、一九五九年に天守閣が鉄筋コンクリート製で復元（外観復元）、再建され、二〇〇九年からは本丸御殿の復元事業が進められている。この原稿を書いている二〇一三年三月の段階で復元の工事は順調に進んでおり、本年五月二九日には玄関・表書院の一般公開が予定されるまでになっている。

このように二つの城には多くの類似点がある。私は、名古屋城に関しては熊本城と比較して考察するという視点が必要になると思う。もちろん、名古屋城については、名古屋市民や名古屋の政治、行政が名古屋自身の課題として考えることが基本になることはいうまでもない。ただ、その際、名古屋城のことを名古屋のことだけで考えるのではなく、視界を広くとって、日本や世界の他の歴史文化遺産、とりわけ内外の城の事例と比較して考察していく必要があると思う。比較の対象としては、江戸城、二条城、大阪城などが想起されるが、その類似性から見て、第一に比較すべきは熊本城になると考える。観光という側面から見ても熊本城の場合［下田誠至・二〇一〇］との比較は重要になる。

その上で、国外の歴史文化遺産にも目を向けて、諸外国ではどのような歴史文化遺産の保存がなされ、どのような修復、復元がなされているのかについても一定の知見を持つことが必要になると思う。本章では、名古屋城と熊本城とを比較しながら、名古屋城の本丸御殿復元について考察し、そこから名古屋の歴史、文化、まちづくり、そして観光について考える手がかりを得たい。

熊本城とその復元整備計画

熊本城は、加藤清正の築城以前にも前史があった。富田紘一氏によれば、城が築かれた茶臼山《ちゃうすやま》の地には、最初、一五世紀後期に出田秀信《いでたひでのぶ》によって城が築かれた。それは茶臼山の東部にあたるところで、千葉城と呼ばれた。今日、千葉城跡（熊本市千葉城町）としてその故地が知られている。次いで、一六世紀末期に鹿子木親員《かのこぎちかかず》（寂心《じゃくしん》、？―一五四九）が茶臼山西南部に隈本《くまもと》城を築いた。これはのちに古城とも呼ばれ、その故地が隈本城跡（古城跡）として知られ、今日、古城の堀跡などを見学することができる。その後、天文一九年（一五五〇）に隈本城は鹿子木氏から城親冬《じょうちかふゆ》の居城となり、次いで天正一五年（一五八七）からは佐々成政《さっさなりまさ》（？―一五八八）の居城となった［富田紘一・二〇〇八］。そして、天正一六年（一五八八）、加藤清正が肥後国北半国の領主になって隈本城に入城した。

築城の経緯と改修の歴史

加藤清正は、朝鮮との戦争からの帰国後に城を全く新しいものに改変、拡大することを計画し、築城に取りかかった。通常、それは慶長六―一二年（一六〇一―〇七）のことと考えられている。ただ、もう少し早くから築城が開始されていると見る説など異説もある［下中邦彦・一九八五］。清正

熊本城南面図
熊本城本丸の南面をのぞんだ鳥瞰図。永青文庫所蔵

は、朝鮮における困難を極めた戦争経験［北島万次・二〇〇七］もあって、新しい城を強靭無比、難攻不落のものにしようと構想し、さまざまな工夫をこらして徹底的に頑強な城を築きあげていった。城の範囲は茶臼山のほぼ全域に拡大され、城名も隈本城から熊本城に改められた。

加藤氏の時代（加藤清正、加藤忠広《ただひろ》）の熊本城の姿については不明の部分が少なくなかったが、近年の研究によっていくつかのことが明らかになった［小野・北野・二〇〇二、二〇〇三、二〇〇四、北野隆・二〇〇六］。これによって、二代目の加藤忠広の時代に改築がなされていること、小天守は清正時代には存在せず、忠広時代に増築されたものであること、それは熊本城の支城の一つであった宇土《うと》城の天守閣を移築したものである可能性が高いことなどが明らかになった［北野隆・二〇〇六］。また、清正時代の熊本城の構造がしだいに明らかになり、主な建築物として、大天守、平左衛門丸《へいざえもんまる》五階櫓《ごかいやぐら》（宇土櫓）、御裏《おんうら》五階櫓、西竹ノ丸五階櫓（飯田丸五階櫓）、東竹ノ丸五階櫓（西竹ノ丸脇《わき》五階櫓）が存在していたこと［同上］、本丸御殿の大広間は慶長一五年（一六一〇）に建造されていること、およびその当初の構造や障壁画の担当絵師のことなどが判明した［北野隆・二〇〇五］。

その後の長い細川氏統治の時代に、熊本城は、また改修等によって少しずつ姿を変えていった。その様子は残された各時代の絵図から知ることができる。そして、前述したように、西南戦争で火が出て多くの建物が失われてしまった。

「熊本城復元整備計画」と本丸御殿

熊本市は、二〇〇七年に熊本城築城四〇〇年祭を実施することを計画し、その一〇年前にあたる一九九七年に「熊本城復元整備計画」を策定して、城の復元事業を推し進めた。復元整備計画は以下のようなものである［熊本城総合事務所・二〇〇六、二〇〇八による］。

①短期（第Ⅰ期）計画による復元完成建造物

南大手門（二〇〇二年一〇月　すでに完成）、戌亥櫓《いぬいやぐら》（二〇〇三年八月　すでに完成）、未申《ひつじさる》櫓（二〇〇三年八月　すでに完成）、元太鼓《もとたいこ》櫓（二〇〇三年一二月　すでに完成）、飯田丸五階

櫓（二〇〇五年二月　すでに完成）、本丸御殿大広間（二〇〇八年三月　すでに完成）
②第Ⅱ期復元整備計画による予定建造物
馬具櫓および続塀《つづきへい》、平左衛門丸の塀、西櫓御門および百間櫓《ひゃっけん》
③今後の復元予定建造物
竹の丸五階櫓、数寄屋丸《すきやまる》五階櫓、御裏《おんうら》五階櫓、櫨方《はぜかた》三階櫓、北大手門

熊本城　宇土櫓　重要文化財
熊本城は西南戦争で焼失したが、宇土櫓は焼失を免れた。内部が見学できる。三層五階、地下一階で、慶長年間の建築。

この計画は順調に実施され、右の①に記したような多くの建造物が復元され、本丸御殿も復元されて、二〇〇八年四月二〇日から一般公開が開始された。復元整備事業は現在も継続していて、今後も多くの建造物が復元される予定になっているという。

本丸御殿では、現在、大広間（対面所）、数奇屋（茶室）、大御台所が復元、公開されている。内部には、本丸御殿や復元に関する史料が展示されており、障壁画作成についての映像展示も

ある。大広間を見学し、長い廊下（大広間縁側）を進んで行くと、「若松之間」「昭君之間」で新作の障壁画、天井画を見学することができる。色鮮やかで美しい。一方、天守閣の方は、内部が近代的な展示施設になっており、熊本城の歴史や特色についての充実した展示を見学することができ、最上階からは熊本市内を展望することができる。

熊本城には、また西南戦争で焼失しなかった宇土《うと》櫓が残っており、重要文化財に指定されている。現在、内部が見学可能になっており、近世初頭の城の姿がよくわかって、大変見ごたえがある。復元建築物と往時の建築物とを組み合わせた見学コースの設置は、熊本城見学の豊かな魅力になっている。

熊本城復元整備事業の特色

熊本城復元整備計画には、（ア）長期の期間にわたる大規模な事業計画になっている、（イ）熊本市のまちづくりや観光振興政策と連動したものになっているといった特色が見られる。

大規模かつ長期にわたる計画

まず（ア）であるが、この計画が一つの建築物だけの復元ではなく、広範囲におよぶ城全体の復元を構想していること、それを長期の事業として実施するものになっていることに注目したい。失われてしまった歴史文化遺産を復元する事業はそれまでもいくつかあったが、これほど大規模な計画が立てられた事例はあまりない。金閣寺、法隆寺金堂壁画、名古屋城天守閣、熊本城天守閣などの復元はいずれも単独の事業であった。そうした中で、薬師寺の伽藍の復元整備事業は総合的な長期計画になっており、異彩を放っている。また、現在、興福寺で計画されている復元整備事業も薬師寺と類似した総合的な長期計画になっている。ただ、熊本城の場合は、自治体が主体になって復元整備計画が立案、実施されているところに大きな特色がある。

次に、どのような〈復元〉をしていくのかという問題について考えていきたい。歴史文化遺産の〈修復〉〈復元〉をめぐってはいくつかの考え方があり、世界の国々、地域ごとに差異が見られる。たとえば、〈修復〉という表現を用いていながら、過去に存在したものとはかなり異なる、新しい要素を多分に含みこむものが作られている場合がある。さらに〈復元〉という表現になると、〈創作〉に近いのではないかと思われるものが作られている場合がある。これまで、そうした事例を私はいくつか実見してきた。

しかし、日本の場合、過去に存在した姿にできる限り近くなるように再現しようとする考え方が強くあり、熊本城でも、発掘調査や、文献史料、絵画史料、写真史料などの研究によって再現的な復元の計画が立案されてきたと思う［北野隆・二〇〇五、金田一精・二〇〇六、富田紘一・二〇〇八］。私は、創作的な復元には賛成しがたく、こうした再現的な復元に意味があると考えている。

ただ、最近の報道によると、文化庁は熊本城の復元事業に対して、本年二月に、文書で五項目にわたる見直しを要請したという。それは、直接的には平左衛門丸塀の復元に関するものであったが、内容からすると復元整備計画の全体におよぶ指導であった。すなわち、文化財に関する専門知識を持った人材による専従組織を設置して調査研究体制を充実させること、遺構破壊をともなう石垣の解体修理は最小限にとどめること、史跡の理解や保護に負の影響を与えかねないような活用を改善すべきこと、などであったという［『熊本日日新聞』二〇一三年三月三〇日、インターネット版による］。これを受けた熊本市文化財保護委員会は、文化庁の指導を重く受け止めるべきだと述べ、熊本市観光文化交流局も、復元整備がストップしないように指導内容を確認した上で対応を検討したいと述べているという［同上］。熊本城は一九五五年に国の特別史跡に指定されているから、文化庁の指導は重い。

ここの専従研究組織による調査研究の充実という指摘は重要だと思う。自治体が中心になって進める復元事業の場合、権限と予算があるだけに、研究部門をしっかりさせておかないと、問題のある復元がなされかねない心配があるからである。人件費、研究費など経費はかさむが、調査研究を

熊本城　天守閣　焼失以前の写真
西南戦争で焼失する以前の姿。大天守と小天守が並び建つ。宇土櫓からのぞむ。重富写真館所蔵。明治 8 年頃の写真。

熊本城　天守閣　1960 年再建、外観復元
焼失以前の姿を鉄筋コンクリート造りで外観復元した天守閣。写真や古絵図をもとにできる限りもとの姿に近づけるように復元された。多くの見学者が訪れる。（2012 年 12 月撮影）

熊本城　本丸御殿　復元
2003年着工、2008年復元、一般公開。東西78m、南北31m、高さ14.6m。
現在の熊本城見学の中心施設になっている。（2012年12月撮影）

十分に行なうことは、遺構をできる限り破壊しないように保全しつつ、再現的な復元を実施する上で重要なポイントになると考える。

「一口城主制度」を開始

次に（イ）であるが、熊本市では城の復元を観光推進や都市活性化の中に位置づけて事業を推進してきた。熊本城の入場者数は（全国城郭管理者協議会資料インターネット版による）、二〇〇四年度は七五万二七六三人、二〇〇五年度は八二万五八〇七人、二〇〇六年度は九八万八四三四人、二〇〇七年度は一二二万八二六八人であったのに、二〇〇八年度に本丸御殿が完成して一般公開されると、一気に二二一万九五一七人と約一〇〇万人の増加になり、全国の城郭入場者数の一位に躍り出た（二〇〇九年度は一七一万〇二〇一人で二位）。これは熊本市の観光推進に大きな役割をはたした。熊本では、二〇〇七年の熊本城築城四〇〇年祭、二〇〇八年の本丸御殿一般公開、二〇一一年の九州新幹線開通、二〇一二年の政令指定都市移行というように新展開が連続してあったが、熊本市は熊本城復元整備を都市活性化政策の中核の一つと位置づけて市政を行なってきた。

熊本市は、熊本城の復元整備にあたって寄付をつのり、「一口城主制度」を開始した。これは、一口一万円の寄付で城主の一人になり、天守閣の芳名板に名が刻まれるというもので、一九九七年からの一〇年間で約二万七〇〇〇人から約一二億六〇〇〇万円を集めたという。さらに二〇〇九年からは「新一口城主制度」を開始し、二〇一三年二月末までに約四万三〇〇〇人から約五億二六〇〇万円の寄付を集めたという〔熊本城総合事務所・二〇〇六〕。

総合観光施設・桜の馬場「城彩苑」

熊本市は、また熊本城に休憩施設、飲食施設、土産物屋がないという旅行者からの不満に対応することを検討して、新施設を建設する計画を立てた〔森田弘昭・二〇〇九〕。こうして建設が進められて、二〇一一年三月にオープンしたのが桜の馬場「城彩苑《じょうさいえん》」である。これは、歴史文化体験施設の「湧々座《わくわくざ》」と、飲食物販売施設の「桜の小路」で構成される施設で、バス発着ターミナル、総合観光案内所を備えている。苑内の建築物は城下町をイメージした情緒あふれるデザインで造られており、桜の小路の屋根と屋根との間から見える熊本城の天守閣が美しい。この施設には当初の予想を上回る入場者数があるといい、私が訪れた二〇一二年一二月も多数の旅行者で賑わっていた。

湧々座では、一階で、「熊本城ことはじめ」「国造りものがたり（加藤清正の時代）」「文と武のものがたり（細川家の時代）」「熊本城今昔物語」などの展示が見られる。これらは最新の技術を駆使した大変充実した展示になっており、面白く、楽しく熊本城の歴史や文化を知ることができる。「熊本城バーチャルリアリティ」と題した高精細CG映像は、江戸時代中期の熊本城を再現したもので、上空から熊本城を俯瞰することができ、迫力があった。二階は、「ものがたり御殿」と名づけられたステージで、映像、ライブ上演、クイズ大会などの出し物があり、子ども、家族連れから外国人旅行者まで大いに楽しんでいた。

熊本城に隣接する「桜の小路」
2011年オープンの「城彩苑」の中の商業施設。情緒あふれる城下町風の商店街になっている。隣接して歴史文化体験施設「湧々座」がある。（2012 年 12 月撮影）

桜の小路では、熊本の郷土料理、銘菓や記念品をお土産として買うことができ、またその場で食べることができる。湧々座～桜の小路～熊本城の各所には「熊本城おもてなし武将隊」がおり、戦国時代の武将に扮した武将隊が旅行者たちの人気を博していた。これは名古屋城の「名古屋おもてなし武将隊」(二〇〇九年一一月結成)の模倣であるが、いち早く他城の人気企画を取り入れているところが面白かった。

また、熊本城の周辺には、旧細川刑部邸、夏目漱石内坪井旧居、小泉八雲熊本旧居があり、熊本県立美術館(本館)、同(分館)、熊本博物館、熊本伝統工芸館がある。それらをつなぐ交通も一定程度の整備がなされており、旅行者たちは各自の関心に従って、それら諸施設を一つの集合体として見学できるようになっている。

なお、熊本のゆるキャラ「くまモン」(二〇一〇年三月デビュー)は、二〇一二年、大変な人気で、県の集計では、二〇一二年の関連商品の売り上げは、少なくとも二九三億六〇〇〇万円にのぼったという。これは前年比一一・五倍になるという〔『熊本日日新聞』二〇一三年三月一八日、インターネット版による〕。大当たりである。

名古屋城とその本丸御殿

名古屋城は徳川家康によって築かれた。家康は、清須城に代わる新しい城を建築することを構想し、名古屋にそれを築くことを決定、慶長一四年(一六〇九)に名古屋城築城が発令された。翌一五年（一六一〇）には、西国の二〇人の大名たちに石垣、堀などの普請（土木工事）の助役が命じられて本格的な築城工事が開始され、普請が短期間のうちに進められていった。続けて、同一六年（一六一一）からは作事（建築工事）が小堀遠州《こぼりえんしゅう》（一五七九―一六四七）ら九名を奉行に任命して進められていった［新修名古屋市史三・一九九九］。

ここの城主になったのは、家康の九男で、尾張徳川家の祖となった徳川義直《よしなお》（一六〇〇―五〇）である。彼は、慶長一二年（一六〇七）、死去した兄の松平忠吉に代わって清須城に移り、翌年、将軍から領地判物の発給をうけ、尾張国一円領知の藩主となった［同上］。

本丸御殿の建設

名古屋城は、麓和義氏によれば、同一七年（一六一二）の末に天守が完成して城としての基本構成が備わり、その後に本丸御殿が着工されたという。同二〇年（一六一五）二月には義直が本丸御殿に移っている。これが当初の本丸御殿である。しかし、義直は元和六年（一六二〇）に居所を二ノ丸に移し、本丸御殿は江戸の将軍が上洛する際の宿泊施設として用いられることになり、寛永一一年（一六三四）の徳川家光（一六〇四―五一）の宿泊にあわせるように、その前年から大規模な改修・増築工事が行なわれた。こうして寛永期の本丸御殿が完成した［麓和義・二〇一〇］。この年の七月、家光は上洛の途上、名古屋城に立ち寄っている。

名古屋城は江戸時代を通じて尾張徳川家の居城になった。尾張藩は、第二代藩主の徳川光友（一六二五―一七〇〇）の時代に組織・制度が整備され、藩政が確立した。第七代藩主の徳川宗春《むねはる》（一六九六―一七六四）の時代には、独自の文化政策、経済政策がとられて芝居小屋や祭などが栄え、また商工業が大いに振興して名古屋の町は活性化していった。本丸御殿では、この間、享保一三年（一七二八）に屋根を柿葺《こけらぶき》から桟瓦葺《さんがわらぶき》に変更するなどの若干の改変が行なわれた。ただ、それはごく一部であって、大部分は寛永期の姿のままで明治期をむかえたという［麓和義・二〇一〇］。

維新後の転変

長い江戸時代が終り、明治時代になると、名古屋城は一転して厳しい冬の時代をむかえた。明治維新がおこると、江戸時代の城の多くは取り壊しの末路をたどっていった。名古屋城も、徳川慶勝《よしかつ》（一八二四―八三、尾張藩第十四代藩主、十七代当主再任）が城の取り壊しと金鯱の宮内省献上を政府に請願し、取り壊しや金鯱の鋳つぶしが検討されたが、駐日ドイツ帝国全権公使のマックス・フォン・ブラント（一八三五―一九二〇）が取り壊しに反対する意見を述べ、名古屋城の解体計画は中止になった［名古屋市・一九五九］。

明治四年（一八七一）の廃藩置県以後、すべての城郭は陸軍省の所管になり、名古屋城も陸軍省の所管になった。同六年（一八七三）には名古屋城に名古屋鎮台が置かれ［新修名古屋市史五・二〇〇〇

名古屋城　天守閣　焼失以前の写真
日本の城郭建築で最初に国宝に指定された往時の名古屋城。

名古屋城　天守閣
1959年、人々からの寄付を集めて天守閣が再建された。（2013 年 2 月撮影）

〇］、同二〇年（一八八七）まで本丸御殿が名古屋鎮台の本部になった［麓和義・二〇一〇］。名古屋城の本丸以外の地区では、多くの建築物が取り壊されてしまった。

その後、同二六年（一八九三）、名古屋城は皇室の名古屋離宮になり、本丸御殿は天皇や皇太子の宿泊施設になった。本丸御殿は、陸軍が使用していた期間にいくつかの改変が行なわれたようであり、皇室の離宮とされる際にも、同二四年（一八九一）の濃尾大地震による被害の補修を含めて改修がなされ、障壁画についても改変や廃棄が行なわれたという［奥出賢治・二〇〇〇］。やがて、昭和五年（一九三〇）、名古屋城は宮内省から名古屋市に下賜された。同年、名古屋城内の城郭二四棟が国宝（旧国宝）に指定され、翌六年（一九三一）

から一般公開が行なわれた。のち、戦争の時代になり、先にも述べたように、一九四五年、名古屋城は名古屋大空襲によって焼かれ、天守閣、本丸御殿、北東隅櫓などを失ってしまった。このうち天守閣は、市民の再建の要望が強く、寄付も多く集まり、一九五九年に復元（外観復元）されて今日に至っている。

名古屋城本丸御殿復元をめぐって

本丸御殿は、平屋建ての木造建築で、延べ面積約三一〇〇平方メートル。戦後は、長く失われたままであったが、近年、復元事業が計画され、二〇〇六年度に基本設計、二〇〇七年度には実施設計がなされ、二〇〇九年一月から工事が開始された。復元計画によれば、工期は三期一〇年、総事業費は約一五〇億円で、二〇一七年度工事完了、二〇一八年度全体公開を目指しているという［名古屋城総合事務所・二〇〇八］。

復元にあたっては、幸いなことに、文献史料、実測図、写真史料などが豊富に残されており、寛永期の姿にできる限り近いものを再建する、再現的な復元が可能である。特に、昭和七〜一二年（一九三二〜三七）の名古屋城実測調査による実測図が残されているのが貴重である。これは、名古屋高等工業学校（現名古屋工業大学）校長の土屋純一によって調査、作成されたもので、一九五二年に実測図二七九枚（うち本丸御殿一〇九枚）が完成したという［名古屋市・一九五九、麓和義・二〇一〇］。本丸御殿の復元がこうした史料に立脚して再現的に進められれば、歴史文化遺産の復元として意義深いものになると思われる。

名古屋城本丸御殿復元の意義

本丸御殿の復元は、名古屋城に先立って、すでに佐賀城、熊本城で行なわれている。佐賀城では、本丸御殿跡の発掘調査が行なわれ、文献史料、絵画史料、写真史料が検討されて、江戸時代の天保期の本丸御殿の姿を復元することが計画された。発掘で本丸御殿の礎石群が検出されたので、移築保存されていた「御座之間《ござのま》」を遺構上に復旧し、さらに差図《さしず》に従って建築物の部分復元が実施された。工事は二〇〇一年に開始され、二〇〇四年に完成した。こうして佐賀城本丸御殿は佐賀県立佐賀城本丸歴史館として復元され、内部は歴史博物館として活用された［佐賀県立佐賀城本丸歴史館・二〇〇六・二〇〇七］。

熊本城の本丸御殿の復元は、前節で述べたように二〇〇八年に完成、公開がなされた。熊本城と名古屋城の本丸御殿復元には共通点が多く見られるが、差異もある。大きな違いは障壁画、天井画である。熊本城本丸御殿の障壁画、天井画は焼失しまって現存せず、写真史料も残されていない。

名古屋城　本丸御殿復元風景
2013年2月撮影。見学通路から本丸御殿の屋根を復元再建している様子が見学できる。

復元にあたっては、当面、「若松之間」「昭君之間」の二部屋に限って障壁画、天井画を設置することとし、新作の絵画が作成、設置されている。他の部屋には障壁画、天井画は設置されていない。

　これに対し、名古屋城本丸御殿の場合は、障壁画、天井画を戦時中に避難させていたため、それらが焼失をまぬがれて伝存している。戦後、障壁画は一九五五年に、天井画は一九五六年に重要文化財に指定された。重要文化財指定の障壁画は一〇四七面におよび、名古屋城の展示施設で少しずつ公開されている。また、現在、その復元模写が色も鮮やかに作成されており、完成したものは名古屋城の展示施設などで展観されるまでになっている。戦災をまぬがれた障壁画、天井画は、狩野貞信《かのうさだのぶ》（一五九七—一六二三）、狩野探幽《たんゆう》（一六〇七—七四）ら狩野派による一七世紀前期の作品が中心になっており、歴史文化遺産として価値あるものである。これら伝存作品および復元模写を、旅行者に適切な形で見てもらうことは意義深いことだと考える。

二〇一三年三月現在、名古屋城本丸御殿では五月の部分公開にむけて工事が進められているが、工事現場が一般公開されており、高さ約九メートルの見学通路が設置されて、前方上部から建築作業を見学することができるようになっている。私は本年二月に見学したが、これが大変に面白く、見ごたえがあった。作業風景の見学は完成後には見られなくなり、今しか見られないものである。私は、こうした大型の木造建築の作業風景は一見の価値があるものであり、多くの人に見てもらう価値があると思う。

名古屋城　西北隅櫓（清須櫓）
戦災で焼失しなかった櫓の一つ。重要文化財。（2013年 6月撮影）

現存する櫓を見学コースに

名古屋城には、また戦災で焼失しなかった櫓があり、重要文化財に指定されている。このうち東南隅櫓は保存状態がよく、築城当時の様相を今日に伝えていて風格がある。西南隅櫓は、明治二四年（一八九一）の濃尾大地震で崩壊してしまい、その後大正一二年（一九二三）に旧部材を用いて修復したが、不十分な修復にとどまっていた。現在、これの解体修理が行われており、二〇一四年に完成予定である。

西北隅櫓（清須櫓）も風格のある建築物で、清須城の天守閣を移築したという伝承を持っている。昭和の解体修理で移築転用された部材が各所から見つかったというが、伝承の評価については今後なお研究を深めていく必要がある。名古屋城の見学にあたっては、熊本城の宇土櫓のように、これら諸々の櫓を見学コースに組み込んでいくことが重要になると思われる。

むすび

名古屋城は、名古屋観光の中核になる歴史文化遺産である。それは戦前までは日本を代表する国宝の城郭建築であった。しかし、戦災によって焼失してしまった。その喪失をどう取り戻していくかは、名古屋の観光を考える上で大きな論点になるだろう。

名古屋城の本丸御殿復元をめぐっては、これまで賛成、反対の両意見があり、論議がなされてきた。私はすぐれた歴史文化遺産の再現的な復元は意義ある事業だと考えるし、喪失してしまった観光の中核を回復するという点からも意義があると考えている。せっかく一五〇億円もの費用をかけて復元するのだから、有意義な事業にしなければならない。それには、①調査・研究をさらに深化、充実させて、再現的な復元を行なっていくこと、②障壁画、天井画の伝存作品と復元模写とを適切

に組み合わせて、本丸御殿自身で、また展示施設で、名古屋市民および旅行者に見てもらうこと、
③一五〇億円の復元事業費用を時間をかけて回収すべく、本丸御殿を起爆剤にして名古屋観光を活性化させて、経済効果、波及効果を大きいものにしていくこと、が求められよう。

名古屋城　本丸御殿復元　車寄・表書院
2013年6月撮影。本書編集中に見学、撮影し、写真を追加した。
5月29日の公開以来、見学者でにぎわっているという。

最後に、ここの③について付言したい。熊本市は、熊本城に休憩施設、飲食施設、土産物屋がないという旅行者の不満に対応して、桜の馬場「城彩苑」を建設した。名古屋城も同様の問題点を抱えており、熊本城の飲食物販売施設、歴史文化体験施設の長所・短所に学び、そうした施設を構想していく必要があろう。すでに一定の構想（素案）があることは承知しているが［名古屋市市民経済局・二〇一二］、どのような個性を持つ施設を作っていくか、どのような名称にするかは活性化の大きな論点の一つになるはずだから、考え抜かれた案が必要になると思う。もう一つは、名古屋城周辺の歴史文化遺産の活性化に力を入れ、それらを結びつ

けて一つの集合体として旅行者に提示していく作業を、さらに念入りに進めていくことが大切になると思う。

私は、名古屋城のことを名古屋のことだけで考えるのではなく、他の城をはじめとして、他の歴史文化遺産のあり方を参照して、それらと比較しながら考察していくことが重要になると考えている。

参考文献

猪飼隆明［いかい・たかあき］（二〇〇八）『西南戦争』吉川弘文館
小川原正道［おがわら・まさみち］（二〇〇七）『西南戦争』中公新書
奥出賢治［おくで・けんじ］（二〇〇〇）「名古屋城本丸御殿障壁画の移動」（『懐古國宝名古屋城』）
小野将史・北野隆［おの・まさし、きたの・たかし］（二〇〇二）「毛利家文庫の絵図「〔肥後熊本城略図〕」について——加藤氏時代の熊本城に関する研究（その1）——」（『日本建築学会計画系論文集』五六一）
同（二〇〇三）「加藤清正代末期の熊本城について——加藤氏時代の熊本城に関する研究（その2）——」（『日本建築学会計画系論文集』五六八）
同（二〇〇四）「加藤忠広による熊本城改修と熊本城小天守について——加藤氏時代の熊本城に関する研究（その3）——」（『日本建築学会計画系論文集』五七六）

金田一精［かなだ・いっせい］（二〇〇六）「熊本城跡本丸御殿の発掘調査」（谷川健一編『加藤清正――築城と治水』冨山房）
北島万次［きたじま・まんじ］（二〇〇七）『加藤清正――朝鮮侵略の実像』吉川弘文館
北野隆［きたの・たかし］（二〇〇五）「熊本城本丸御殿（大広間）の復元について」（『建築史学』四五）
同（二〇〇六）「加藤時代の熊本城について」（谷川健一編『加藤清正――築城と治水』冨山房）
城戸久［きど・ひさし］（一九八一）「名古屋城天守をめぐる研究」（『名古屋城と天守建築』日本城郭史研究叢書6、名著出版）
熊本城総合事務所（二〇〇八）「熊本城復元整備事業」（『建設の施工企画』六九九）
同（二〇〇六）「熊本城公式ホームページ」http://www.manyou-kumamoto.jp/castle/
佐賀県立佐賀城本丸歴史館（二〇〇六）「ホームページ」http://sagajou.jp/
同（二〇〇七）『佐賀城本丸御殿建物復元工事報告書』写真記録集、同図版集
下田誠至［しもだ・せいし］（二〇一〇）「よみがえる熊本城――熊本城復元整備とまちづくり」（名古屋都市センター『アーバンアドバンス』五一）
下中邦彦［しもなか・くにひこ］編（一九八五）『日本歴史地名大系　熊本県の地名』平凡社
新修名古屋市史編纂委員会編（一九九九、二〇〇〇）『新修名古屋市史』三、五、名古屋市
中日新聞社出版部編『名古屋城いまむかし　築城四〇〇年グラフィックス』中日新聞社
帝室博物館編（一九三二）『國寳名古屋城美術圖録』名古屋市役所
富田紘一［とみたこういち］監修（二〇〇八）『定本　熊本城』郷土出版社
内藤昌［ないとう・あきら］（二〇〇〇）「名古屋城の構成」（『懐古國宝名古屋城』）
名古屋市（一九五九）『名古屋城史』
名古屋市市民経済局文化観光部観光推進室（二〇一二）「世界の金シャチ横丁（仮称）基本構想（概要版）」

名古屋市博物館（二〇〇八）『名古屋城を記録せよ！』
名古屋城管理事務所編（二〇〇七）『本丸御殿の至宝　重要文化財名古屋城障壁画』
名古屋城振興協会編（二〇〇〇）『懐古國宝名古屋城』名古屋城振興協会
名古屋城総合事務所（二〇〇八）「名古屋城公式ウェブサイト」http://www.nagoyajo.city.nagoya.jp/
平井聖［ひらい・きよし］監修・北野隆［きたの・たかし］編（一九九三）『城郭・侍屋敷古図集成　熊本城』至文堂
麓和義［ふもと・かずよし］（二〇一〇）「名古屋城本丸御殿の魅力」（名古屋都市センター『アーバンアドバンス』五一）
森田弘昭［もりた・ひろあき］（二〇〇九）「熊本城観光から考える観光振興に関する提案」（『観光とまちづくり』四九五）

名古屋の〝食〟の観光力

野田　雅子

名古屋の重要な観光資源のひとつは、その特徴的な食べ物であろう。名古屋市作成の「なごやめしガイド2012」には、「味噌かつ」「きしめん」「味噌煮込うどん」「あんかけスパゲティ」「天むす」「鉄板スパ」「台湾ラーメン」「ういろう」「名古屋コーチン」「ひつまぶし」「手羽先」「小倉トースト」「モーニング」の一三種類が紹介されている。この他にもご当地食として認知されているものはあるが、いずれも地方色豊かな食文化を持つ名古屋らしい食べ物である。「なごやめし」という言葉も登場してから一〇年以上になるが、その特徴を踏まえて、「調味系」「素材系」「喫茶系」「和菓子系」の四つに分けて紹介しよう。

①調味系

「味噌煮込うどん」「味噌カツ」「味噌おでん」「どて煮」「カレーうどん」「台湾ラーメン」などに代表される。名古屋の調味料を語るとき、なんといっても欠かせないのが岡崎城下で古くから作られている「八丁味噌」だろう。名前の由来は、お城から八丁（約八七〇ｍ）離れたところ、という意味からきているそうである。

米味噌や麦味噌が全国のほとんどを占める中で、八丁味噌のような豆味噌（赤味噌）を食する地域は少なく、約一割程度にしか満たないマイノリティ文化圏である。豆味噌は他の味噌に比べ蛋白質や脂質が豊富で、アミノ酸などのうまみ成分が多く、香りも高い。ぐつぐつ煮込んでもあまり風味が落ちないところから、味噌煮込み料理が生まれたとされる。尾張藩主の食事の記録「年中御規式」（寛政三年〈一七九一〉）にも「御味噌煮」の記述が見られ、伝統的な名古屋の食のナショナリズムを感じる。ただ、赤味噌というだけあって濃い赤茶色をしているため、他の地域の人はその見た目にびっくりするようだ。しかし、これは大豆をじっくり熟成させたためであり、水分が少なく硬めのこの味噌は、かつては貴重な蛋白源、保存食であり、大切な兵糧でもあった。現在では調味料やソース、あるいはタレのような役割に用いられることが多い。

「カレーうどん」や「台湾ラーメン」は、麺好き名古屋人に人気の食べ物であるが、刺激的な辛さと独特のうまみに、リピーターが多いと聞く。

②食材系

「手羽先」「ひつまぶし」「名古屋コーチン」「天むす」「エビフライ」「きしめん」「守口漬」などに代表される。あまり需要のなかった部位である手羽先を使って料理をしたり、鰻を刻んでご飯にまぶして食べたり（「ひつまぶし」）と、食材を上手に工夫して美味しく食べさせている。

「なごやめしガイド2012」

「名古屋コーチン」は、明治維新により職を失った尾張藩士の努力のたまものとして作出された名鶏であり、明治三八年（一九〇五）には国産実用鶏種第一号として認定されている。尾張藩は幕末期から藩士の内職として鶏の飼育を奨励しており、明治維新後は旧藩士たちの養鶏業への転身を支援した。文明開化とともに、肉食への抵抗が少なくなると、鶏卵も滋養がある食べ物として高価で販売できるようになり、鶏糞も飼料になる利点があった。現在では、愛知県が厳しく名古屋コーチン種の保存を管理しており、全国各地の地鶏作出の種鶏としても人気である。名古屋では鶏肉を「かしわ」と呼ぶこともあり、「かしわのひきずり（鶏肉のすき焼き）」も一般的である。

「天むす」「エビフライ」は、エビをメイン食材として使う共通点がある。名古屋のゆるキャラ「エビザベス」は頭上に雄の金シャチとエビフライをのせているが、エビフライを名古屋のアイコンであるお城の金鯱に見立てる面白さも手伝って、〝名古屋の食〟と認識されている。ちなみに愛知県の県魚はクルマエビである。

平うち麺である「きしめん」も、江戸時代には記録に登場しているようだが、ゆで時間が短くてすむのが利点である。「守口漬」は、愛知県の伝統野菜のひとつである守口大根を粕漬にしたものである。

③喫茶系

「モーニング」「小倉トースト」「あんかけスパ」「鉄板ナポリタン」などに代表される。

「モーニング」とは、喫茶店で飲み物をオーダーするとトーストやゆで卵などが付いてくる朝のサービスのことで、喫茶店激戦区・名古屋にあってはお値打ち感を打ち出すための競争が盛んである。名古屋に来たら、モーニングを食べに行きたいというビジネスマンの話もよく聞く。

小倉あんとトーストの異色の組み合わせにより生み出された「小倉トースト」や、スパゲティに和風なアイディアを合わせた「あんかけスパ」、さらにあつあつの鉄板に卵液を敷き、そこにスパゲティを盛り付けるという工夫がみられる「鉄板スパ」は、名古屋の喫茶店メニューではお馴染みである。

④和菓子系

「ういろう」「鬼饅頭」「おこしもの（おしもの）」などに代表される。素朴で庶民的なこれらの和菓子は、いずれも蒸し菓子である。家庭でも作られるが、町の和菓子屋さんで看板商品になっていることもある。

名古屋は全国的にみても和菓子屋の多い地域である。かつて戦国武将たちが茶の湯に熱狂したことや、熱田神宮や大須観音などの門前、あるいは宿場町や盛り場が賑やかになるにつれて、和菓子文化が花開いたと思われる。尾張藩の御用達であった『両口屋是清』をはじめ、『美濃忠』『大黒屋本店』など江戸時代からの歴史をつなぐお店も数々ある。

さて、名古屋の名物として「ういろう」が定着したのは、昭和に入り保存がきく包装技術が開発され、駅で販売できるようになってからとのこと。戦後、尾張地方は繊維産業が隆盛し「ガチャマン景気」と呼ばれる好況にわいたが、それを支えた地方出身の女工さんたちが帰郷する際のお土産に「ういろう」が好まれたそうである。ういろうは歌舞伎十八番の一つ「外郎売《ういろううり》」でも有名だが、こちらは菓子ではなく薬である。ういろうの基本的な材料は米粉と砂糖と至ってシンプルだが、それだけに各店工夫を凝らしている。江戸時代創業の『餅文総本店』や『雀おどり総本店』、CMが印象的な『青柳ういろう』や『大須ういろ』などの老舗がある。

「鬼饅頭」は、角切りのサツマイモの入った蒸し菓子で、子どものおやつなどに人気がある。この地域独自の素朴な菓子である。「おこしもの」もこの地域だけに見られる祝菓子の一種で、女の子の健やかな成長を願う桃の節句に欠かせないもの。かつては家庭でもよく作られていたが、専用の木型が必要なため、今では代々伝わる木型を持っている家でしか作ることができなくなっている。おめでたい図案の木型に米粉を練った種を詰めてギュッと押し、型から外して着色してから蒸すということから、名前の語源がきたといわれる郷土菓子である。

菓子といえば名古屋市西区の駄菓子問屋街も全国的に有名である。以前ほどの活気はないものの、「菓子まき」という婚姻にまつわる風習が残っている名古屋では、その時に配る寿菓子セットを大量買いしていく人も多い。

ここに紹介しきれない食べ物もあるが、いずれにしろ名古屋の「ちょうどよい田舎さ加減」が、特有の食文化を大切にしてきたと考えられる。これらの食べ物は最近生まれたものではなく、名古屋の人がずっと受け継ぎ、馴染んできた味である。名古屋市では小中学校の給食にも、きしめん、台湾ラーメン、どてめし、あんかけスパゲティといった献立が市制記念日にちなんで提供され、人気メニューになっているように、子どものころからずっとこの味に親しんでいくのである。歴史を感じる食材、個性的で刺激的な味、独創的な盛り付け、さらに湯気の中の温かさが名古屋の食べ物の特徴ではないだろうか。濃尾平野の肥沃な土地、大きな河川や三河湾や伊勢湾の豊富な漁場があり、比較的温暖な気候に恵まれて、良質な食材が手に入りやすい地域であることも食文化を豊かにしてきた。

名古屋といえば、名古屋の〝食〟。この大切な観光資源をあらためて見直したいものである。

絵葉書からさぐる〈近代名古屋〉の観光

井上 善博

はじめに

名古屋と観光……。この一見そぐわない感のあるテーマでなにがしかを書くことに、とまどいを覚えるのは私一人であろうか。――果たして名古屋は観光地といえるのか……、こう思ってしまうからなのである。

新たな法律「観光立国推進基本法」が施行され、観光立国元年と言われた二〇〇七年（平成一九）、雑誌『週刊ダイヤモンド』七月二八日号で興味ある特集が組まれた。題して「〈激変！〉ニッポンの観光」。そこに掲載された五千人アンケートによる観光地ランキングでの名古屋の実力（？）は次の通りであった。

（1）もっとも満足した観光地……………………61位（1位は京都）
（2）もう一度行きたい観光地…………………50位（1位は京都）
（3）行ったことはないが行ってみたい観光地……72位（1位は知床）
（4）魅力が増した観光地…………………………25位
（5）魅力が落ちた観光地…………………………28位
（6）もっともがっかりした観光地………………8位

個人的な感想としては、意外に健闘しているとの印象を受ける。4と5は相反する評価が半ばしているといえようし、最後の項目は気落ちする必要はないであろう。なにせ1位から7位に東京・大阪・京都・那覇・熱海・小樽・札幌と、大都市やそうそうたる主要な観光地が並んでいるからである。

とはいえ、やはり名古屋には観光地のイメージは希薄の印象は拭いがたい。これは私の固定観念なのであろうか。なぜそう感じてしまうのか、そのあたりの経緯を、名古屋の近代化の歩みとともに、今一度ふりかえることも必要であろう。その指標としてとりあげるのが、絵葉書である。どこでも○○名所と題した観光土産の絵葉書がさまざま発行されてきていることはご承知のことであろう。ならば名古屋名所はいかに、をこの章のテーゼとしたいのである。

日本の近代化と絵葉書

絵葉書なるものは、一八七三年（明治六）に日本で近代郵便制度が始まって以降、かなり後になって登場したメディアである。当初は官製葉書しか使用が認められず、一九〇〇年（明治三三）になってようやく、官製葉書の仕様に準じた私製葉書の使用が認められ、この措置によって晴れて絵葉書が日本国内でも用いられるようになった。

それまでは海外郵便として諸外国からもたらされるもの、あるいは官製葉書に印刷したもののみであったから、大きさや重さが官製葉書に準じていれば、必要な郵便切手（その当時は一銭五厘であった）さえ貼れば国内どこでも配達される絵葉書は至極便利、かつ目を引くメディアとして重宝がられた。こうして日本に「絵葉書」なるものが登場し、「絵葉書」の名称が定着していった。もっとも当初は、年賀葉書や商店の広告葉書の需要が多かったようである。

〈絵葉書〉を変えた日露戦争

その状況が一変したのが、日露戦争の勃発であった。明治新政府のスローガンとも言える「富国強兵、殖産興業」政策により、一貫して日本は欧米列強に肩を並べることを至上命題としていた。対

1）名古屋栄町凱旋門
1906年（明治39）1月11～13日凱旋。広小路通本町交差点に凱旋門が設置され、戦地から帰還した第三師団の将兵が凱旋パレードをおこなった。通りの遠景には、日清戦争の記念碑も描かれている。

外的にも権益確保の道をたどり、中国（清）との緊張関係の中で勃発した日清戦争（一八九四～九五）によって、台湾の統治権を獲得。さらに朝鮮半島とそれに続く大陸での権益をめぐって、一九〇四年（明治三七）ロシアとの戦争が始まってしまった。日露戦争である。

出征軍人に対する恤兵《じゅっぺい》政策の一つとして、家族や近親者との間の軍事郵便制度が整備され、絵葉書はそのもっとも有効な手段としてまさに主役となった。官側も戦地での様子をさかんに記念絵葉書として発行し、国内で大人気を博した。日露戦争では、賠償金は一銭たりとも得ることはできなかったが、やはり大国ロシアを相手に戦ったという高揚感に日本全体がひたったことは事実のようである。戦後、凱旋兵を迎える名古屋広小路通りの様子（写真1）はそのことを如実に物語っている。

戦争と絵葉書の深い関係

日本が明治維新を迎える頃、すでにヨーロッパではドイツ語圏の諸国で絵葉書が登場していたが、それも戦争と無関係ではなかった。絵葉書は生まれもって戦争プロパガンダの性格を内包していた。また、明治後半になってようやく新聞にも採用されるようになった網目製版の写真版に比しても、絵葉書はコロタイプという相当にきめの細かい画像を印刷することが可能であり、21世紀の今で言うならいわばハイビジョン。二〇世紀の新たなニューメディアなのであった。

それでは、従来は存在しなかったニューメディア、絵葉書から名古屋の近代観光を見ていくと（これは近代の名古屋名所といわれるものがどのように形成されていったか、とも言い換えることができよう）、いったい何が見えてくるであろうか。観光には欠かすことのできない交通網の視点から話を始めよう。

絵葉書への名古屋の登場

絵葉書の制度そのものが一九〇〇年に始まったという制約から、それ以前の名古屋市内の様子を記す絵葉書はほとんど残っていない。その唯一ともいえるのが、一九三七年（昭和一二）名古屋駅改築の際に発行された記念絵葉書で、新装なった近代的な六階建てのビルとともに、一八八六年（明治一九）開業当初の名古屋停車場の姿がおさまる。現在のJR名古屋駅の位置より少し東南、現在の笹島交差点の少し西北で、三井住友銀行のあたり、名古屋の人には通称〝ナナちゃん人形〟のあたり、と言った方がわかりやすいであろう。

「名古屋停車場」の風景

停車場ができた当時の名古屋は、まだ碁盤割《ごばんわり》とよばれた江戸時代以来の名古屋城下の範疇を大きくはずれるものではなく、西に堀川を越えてしばらくすれば、もうそこは湿田の広がるひと気のない場所であった。この鉄道は後に東海道線として東西を結ぶ主要な幹線鉄道となるのであるが、当初は知多半島の武豊から大府、熱田と序々に伸びてきただけにすぎず、その鉄道が清洲まで延長されたのにあわせて、名古屋停車場が開設されたものである。

2）新名古屋駅の偉容
明治20年頃の名古屋駅　1937年（昭和12）2月1日新駅舎開業を記念して発行された絵葉書。新駅とともに、1886年（明治19）開業の初代駅舎を載せる。

低湿地に線路および停車場を設けなければならないために、周囲の土砂を掘り起こして路盤のかさ上げ工事がおこなわれ、ためにあちこちに掘り取った穴が池となって残った。停車場の前にも大きな池が写真に写っており、人力車夫が車を洗っているのであろうか、そのたたずまいはのどか、というよりは、いささかもの寂しい風景である（写真2）。この鉄道が威力を発揮するのは開業から三年後、一八八九年（明治二二）東海道線の新橋―神戸間が全通して以後のことである。停車場は鉄道の延長とともに名古屋と日本各地を結ぶ玄関口となり、名古屋が近代都市として歩むために、必要不可欠の場所となった。

名古屋停車場が旧来の市街地からかなり西にはずれた位置に設けられたため、問題となったのが市街地との連絡道路であった。停車場開設が話題になった明治一〇年代当時、名古屋区長（市制施行は一八八九年：明治二二である）としてこの問題に尽力した吉田禄在は、その必要性を説き、当時は藩政時代そのままであった広小路を西に延長した上で拡幅し、名古屋のメインストリートとする案を実現させた。市民から広く寄附金を募るその手法には批判も多々あったが、それでも停車場開設の翌年（一八八七）には広小路通りの実現をみた。さらに一八九八年（明治三一）になると、広小路通りに路面電車も開通し、笹島の停車場前から久屋町の県庁前まで、立ち席を含めて二六人程度の小さな電車が東西に行き交い始めた。この電車の登場によって、広小路通りは名古屋随一の表通りとなったのである。

路面電車と戦没者慰霊碑

広小路通りができた当初、久屋町の東端、現在の武平町交差点で通りは行き止まりとなっていた。

この条件を利用して持ち上がったのが、日清戦争の記念碑設立であった。名古屋の陸軍第三師団から出征して犠牲となった七二六名の将兵を悼む慰霊碑である。一九〇〇年（明治三三）八月に建設に着手し、三年後の一九〇三年（明治三六）五月、竣工式典が挙行された。ところがその建設中のさなか、中央線の敷設と千種駅の設置にあわせて広小路通りの延長が決まり、明治三四年には道路が延長開業、路面電車も明治三六年に千種駅西側まで延長された。このため記念碑が出来上がった時には、記念碑は道路の真ん中に取り残されることになってしまった。電車は記念碑の南側を大きく半周回り込む形となり、県会議事堂を前に騒音問題も発生する事態となった。

この記念碑を背景に路面電車が走る光景は、明治末から大正初年頃の絵葉書にさかんに取り上げられており、名古屋を代表する景観であった（写真3）。なお、この路面電車は、正式には名古屋電気鉄道という民間会社の運営する軌道で、後年、名古屋市電となった母体である。電車の行き交う広小路通りには、明治三〇年代末頃より、再び（明治二四年の濃尾震災でそれまでの煉瓦建築が大きな被害を受けた歴史がある）洋風の煉瓦建築が林立し始め、都市ならではの景観が出現していった。両側に立ち並ぶ洋風建築、その中を行き交う電車、そして遠景には砲弾型の記念碑……まさに富国強兵・殖産興業を体現する景観といえるのであり、それが明治末、名古屋を代表する一風景として、絵葉書に定着したのである（写真4）。

3)（名古屋名所）廿七八年戦役紀念碑
明治末～大正初期　日清戦争の戦没者慰霊碑の前を路面電車が走る光景。電車は1907年（明治40）以降製造の34人乗り8窓の木造小型単車。この絵葉書はあらかじめ「名古屋遊覧紀念」のスタンプを印刷して発売された。

4)（名古屋名所）広小路通り
明治末～大正初期　右手の洋風建築は1910年（明治43）3月5日開業のいとう呉服店。左手の煉瓦建築は手前から日本生命ビルと日銀名古屋支店。通りを電車が行き交い、遠景には日清戦争記念碑も写る。

開府三百年の高揚感

名古屋が開府三百年を迎える一九一〇年（明治四三）、全国から注目されるイベントが前年に開園したばかりの鶴舞公園で開かれることになった。その名は第一〇回関西府県連合共進会。産業の振興を目的に、一八八三年（明治一六）大阪府を初回として始まり、西日本の府県持ち回りで数年ごとに開催されるイベントであった。地域的な博覧会と言ってよかろう。

関西府県連合共進会は名古屋での開催が最後となったが、参加府県は九州・東北・北海道を除く三府二八県にのぼり、非参加県も参考出品という形で実質的には参加した。この結果、全国規模の内国勧業博覧会に類する規模のイベントとなり、全国に名古屋を売り込む絶好の機会となった。当時の名古屋市の人口規模は約四〇万人。そこへ九〇日間の会期（三月一六日〜六月一三日）に二六〇万人余の観覧者を迎えたのである。まさに名古屋開府以来の一大イベントであった。

開催前年一一月に開園した鶴舞公園は、ただ田畑を埋め立てたばかりで、共進会の開催にあわせて整備が進められたのが実態であり、なにもかもが手探りだったようである。そもそも「Ｐａｒｋ＝公園」なるものの概念が日本には希薄であり、当初はいわゆる大名庭園を模した回遊式の園池が構想されたらしい。「お庭」のイメージを克服するのに、明治の人々は苦労したのである。

共進会の会場には、洋風の噴水と奏楽堂が恒久施設として設けられ、その間に仮設の展示会場、すなわちルネサンス様式の本館が建てられた。そしてその奥に和風庭園と洋風庭園を組み合わせ、その中にさまざまな展示館、いわゆるパビリオンを点在させた。さらに、夜間はイルミネーションを点灯させて、電気の効用を一目で知らしめた（写真5）。この共進会という「ハイカラ」なスタイルの催しは、名古屋市民にとっては初めての大規模イベントであり、物珍しさも手伝って連日の盛況となった。

この共進会の会場へ膨大な観客を運ぶ有力な交通手段となったのが、先に紹介した路面電車である。広小路線に引き続いて、共進会開催の前年（一九〇九：明治四二）には栄交差点から南へ大津通りを熱田まで走る熱田線が開通し、共進会が始まる前月には新栄から鶴舞公園前を通って上前津まで運行する公園線も開通した。会期中は市内はもとより、名古屋、千種、熱田の各鉄道駅に降り立つ遠来の客を運ぶ有力な手段となった。

5）第10回関西府県連合共進会　正門（イルミネーション）
1910年（明治43）　ルネサンス風の本館建物の夜と昼の景観を写す。夜間は全館に照明を灯して好評だった。

百貨店屋上からのパノラマを絵葉書に

こうした交通インフラとともに、この年（一九一〇）三月、新たな都市の魅力として出現したのが、名古屋初の百貨店として新装なった「いとう呉服店」であった（写真6）。場所は名古屋栄の交差点西南角、現在の栄スカイルの位置にあたる。従来はずっと西北にあたる本町通り茶屋町角に店を構えていたが、電車の行き交う交通至便の地へ移転新築。呉服店とはいいながらも、木造三階建てでドームを頂くルネサンス風の洋館スタイルであった。三階には無料の演芸場まで設け、ショッピングを見て楽しむという新たな都市生活を提供したのである。

同年、このいとう呉服店屋上より名古屋市街を三六〇度ぐるりと見渡し、八分割して撮影した景観が絵葉書となって今に伝わる。東南方向には、拡幅された大津通りを走る電車とともに、遠景に

6）全市撮影場タル新築伊藤デパートメントストーア
1910年（明治 43）　木造三階建てルネサンス様式の洋風建築。名古屋初の百貨店として開店。この屋上で市街地の風景が撮影された。

7）名古屋市全景〔5〕
1910年（明治 43）　名古屋市街地 360度を８分割して撮影した中の１枚。栄町交差点角から東南方向、共進会場の鶴舞公園方面を望む。手前の大津通りには熱田線の電車が走る。

白亜の共進会本館が細長く写っている（写真7）ので陽春の光景であろう。高層の建物はほとんどみあたらず、一面に広がる屋根瓦が陽光に照らされて鈍く光っているのが印象的である。百年前の名古屋はひたすら甍《いらか》の波であったとはいえ、すでに日本有数の大都市であった。

この都市の名所を遊覧するスタイルで、あらかじめ「遊覧記念」のスタンプまで印刷し、名古屋名所の絵葉書が売り出されたのもちょうどこの頃のことである。名古屋城・熱田神宮・大須観音・七ツ寺・東別院・西別院といった江戸時代以来の旧蹟に、電車の行き交うモダンな広小路通りや記念碑、一九〇七年（明治四〇）に築港なった名古屋港といった新しい景観が加わり、名古屋の名所として取り上げられている。

大正―変わりゆく名古屋

大正に入り、広小路通りはますますにぎやかに、路面電車は頻繁に行き交うようになっていった。ここで問題となったのが途中、堀川に架かる納屋橋である。橋そのものが狭隘《きょうあい》な上に朝から晩まで東西に行き交う電車の重量に耐えかね、架け替えられることになった。竣工なったのは一九一三年（大正二）五月五日。一家三代計六夫婦による古式ゆかしい渡り初めが執り行われた。その様

8）（名古屋）納屋橋渡橋式の実景〔大正二年五月五日〕
1913年（大正２）　当日の渡り初めの光景を絵葉書にしたもの。松井愛知県知事を先頭に二家三代六夫婦が渡り初めをおこなった。屋根の上にも物見高い見物人が多かったことがうかがえる。

子を一目見ようと周囲の家々の屋根には人が鈴なりとなり、晴れのイベントとなった（写真8）。新しい納屋橋の設計者は、当時名古屋高等工業学校建築科教授であった鈴木禎次氏である。氏の設計によるアールヌーボー様式の優美なデザインは当時の最先端をゆくものであり、その後の再架橋の際にもそのデザインが生かされている。

モダン都市の姿を写して

この他、名古屋初の貸しビルとして七層閣と称するアメリカンスタイルのビルが一九一五年（大正四）に竣工した。また広小路通りには名古屋二番目のデパートとして、十一屋百貨店が一九一七年（大正六）に開業している。瀟洒なルネサンス様式のデパートに煉瓦建築も重厚な銀行・生命保険会社のビルなどとあいまって、広小路通りは一層華やかさを増していった。「夜の名古屋」と題して、イルミネーション輝く夜景の絵葉書が発売されたのも大正の終わり頃のことである（写真9）。ビルに明かりが灯る都会ならではの光景が旅の土産に好まれた、ということであろうか。

都市化の進行にあわせ、一九二一年（大正一〇）八月二二日、名古屋市は周辺一六町村を編入合併し、市域を大きく広げた（写真10）。これによって、従来は郊外の行楽地であった八事（当時はこのあたりを「東山」と呼んでいたようである）、覚王山（明治三七年暹羅《シャム》国から分与された釈尊遺骨を安置するために造営、大正七年奉安塔完成）、中村公園（明治四三年に県営公園として開園、後に市営移管）などが市内

9）広小路通り（名古屋）
大正末頃　1917年（大正6）11月11日に開業した十一屋呉服店（現在の栄町ビルの位置）屋上より広小路通りを西方に望む夜景の構図。右手遠景の高いビルが七層閣、路面電車が明かりを灯して走行する。

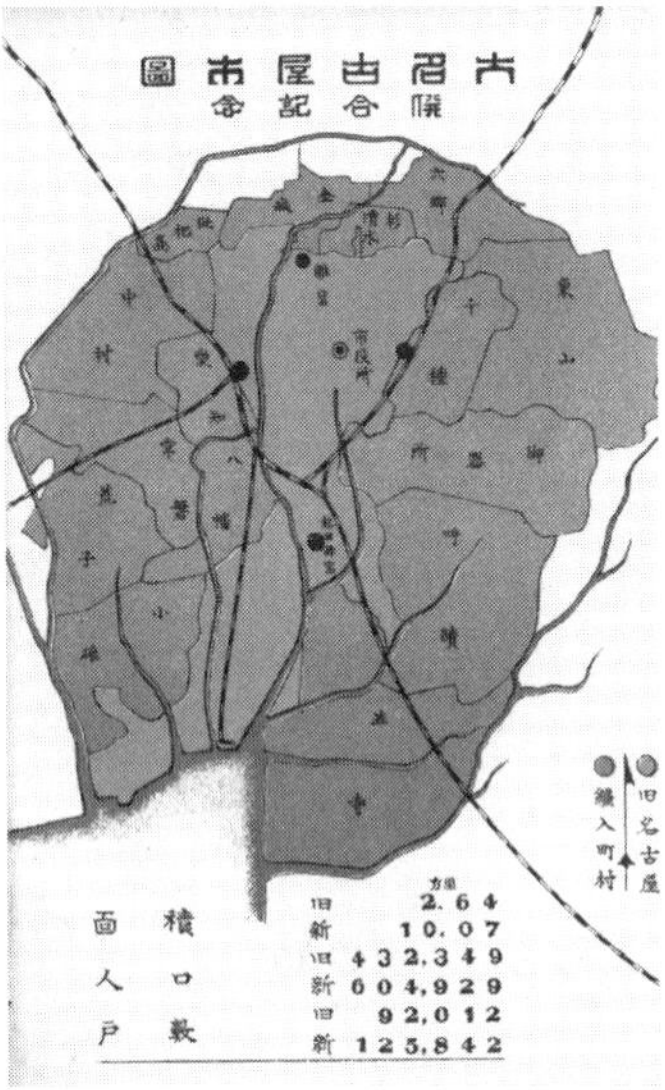

10）大名古屋市図　併合記念
1921年（大正10）　同年8月22日、名古屋市は周囲の隣接16町村を編入合併した。新旧の市域を色違いで表示し、旧町村名を明示している。

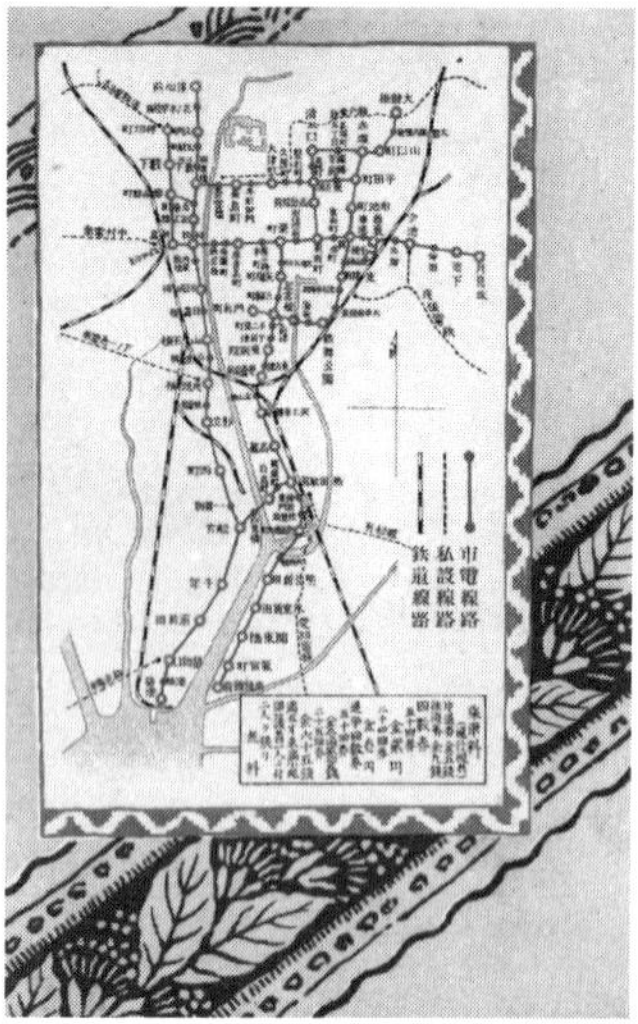

11）市営移管当初の市電路線図
1922年（大正11）　同年8月1日、市内の電車路線の経営を名古屋電気鉄道から名古屋市電気局に移管。これにより市電が発足した。

となり、これらも名古屋名所としてとりあげられるようになっていった。それらへ赴く庶民の足はいずれも郊外電車であった。

　さらにその翌一九二二年（大正一一）八月一日、従来は民間会社の名古屋電気鉄道が運営していた市内の路面電車が名古屋市の経営に移管された。路線は市内線と郡部線とに分割され、郡部線は民間会社のまま存続（現在の名古屋鉄道）したが、市内線は車輛・従業員ともども名古屋市電気局（現在の交通局の前身）に衣替えした。この日以後は名古屋市電として、車輛の前面に市章である「〇に八」を掲げ、「走るまるはち」として文字通り市民の足となった。市電発足当時の路線図は記念絵葉書となっている（写真11）。先に述べた八事、覚王山、中村公園方面への郊外電車もその後順次市電に統合され、市電を乗り降りしながら名古屋名所をめぐる遊覧スタイルができていったのである。

　市電のネットワークは市街地の各方面へ順次整備されていったが、そのためには電車を往復させ

12）（名古屋名所）県庁附近小公園
大正〜昭和前期　1920年（大正９）12月、日清戦争の記念碑を覚王山へ移転し、その跡地を小公園に整備して、電車の軌道を直線化した。その光景を当時南側にあった市役所から写したもの。公園北側は県庁と県会議事堂で、当時はこのあたりが官庁街であった。

てなお余裕のある広さに旧来の狭い道を拡幅し、なおかつ直進化させなくてはならなかった。明治・大正期はまだ「都市計画」なる概念が希薄であり、一般に市区改正事業と呼ばれていた頃である。日清戦争の記念碑も経済合理性には勝てず、一九二〇年（大正九）の年末を迎える頃、記念碑は覚王山へ移転され、その跡にはひろびろと、またまっすぐの軌道を電車が走る光景が現出した（写真12）。その後も引き続き、こうした光景が市街地各所に現れ、市内の道路・交通網が整備されていったのである。

近代化の象徴——鶴舞公園

一方、鶴舞公園周辺では、公園西側の東郊通り延伸を契機に耕地整理がさかんとなり、急速に市街化が進んだ。園内は和洋折衷の公園として整備が進み、それとともに、一九一八年（大正七）には附属動物園が南端に開園。二年後の一九二〇年（大正九）には公園北隣に愛知医科大学が附属病院と共に開校（現在の名古屋大学医学部と同附属病院の前身）。さらには一九二三年（大正一二）に市立図書館（現在の名古屋市鶴舞中央図書館の前身）が開館した。

鶴舞公園の整備は昭和になっても引き続き、一九三〇年（昭和五）には市公会堂が竣工。その二年前に同公園で開催された御大典奉祝名古屋博覧会（写真13）の巨大な本館跡地に、閉会後何年もかけ

13）御大典奉祝名古屋博覧会　機上より見たる会場全景
1928年（昭和3）　鶴舞公園で開催中の博覧会場を空撮したもの。公会堂は基礎工事が始まったところで、南側の本館敷地は閉会後にグラウンドとなった。

14）鶴舞公園全景
1933年（昭和8）頃　1930年（昭和5）に公会堂が竣工した後、グラウンドの整備が進む景観を上空から撮影する。手前右手の東郊通りにも市電が走っている様子がうかがえる。

て陸上競技場が整備された（写真14）。鶴舞公園は単なる憩いの公園なのではなく、文化・スポーツ・医療といったさまざまな側面での名古屋の近代化を象徴する場所であった。

市電で遊覧する名古屋観光

一九二五年（大正一四）五月一日、従来は栄交差点の西南角で営業していたいとう呉服店が手狭になったため、南大津通りの現在地に移転し、店名も松坂屋と改称した。おそらく、移転開業後まもない頃の発行と思われる、松坂屋から市内各所への遊覧案内の絵葉書が残っている（写真15）。松坂屋を起点に北は離宮（名古屋城のこと、名古屋城本丸は一八九三年：明治二六～一九三〇年：昭和五まで、当時の宮内省管轄の名古屋離宮であった）、東は覚王山（当時は

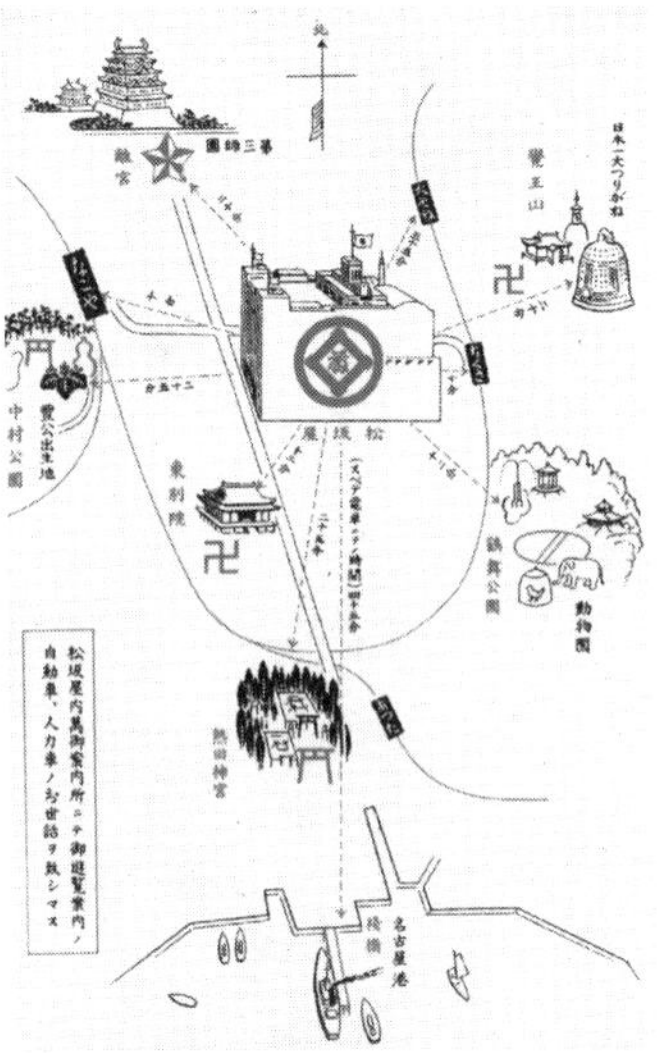

15）松坂屋よりの遊覧案内
大正末～昭和初期　1925年（大正14）3月、南大津通りに移転開業し、店名をいとう呉服店から松坂屋へ変更した新店舗から、市内各所の遊覧先を案内する宣伝絵葉書。1930年（昭和5）の名古屋離宮廃止以前のものである。

日暹寺《にっせんじ》と称したが、シャムが国号をタイへ変更したのにあわせて後に日泰寺となった）、東南は鶴舞公園、南は近くに東別院、その南に熱田神宮、さらに下って名古屋港。西は豊公（豊臣秀吉）出生地として中村公園。以上が特徴的なイラストともに描き込まれている。これが大正末から昭和初期にかけての名古屋名所、といってよいであろう。

ただし、離宮すなわち名古屋城は、現在のように誰でも自由に立ち入りできる場所ではなかった。あくまでも濠《ほり》の外から眺めるだけの存在であった。これが大きく変わるのは一九三〇年（昭和五）一二月一一日の離宮廃止後のことである。同日名古屋城天守閣および本丸御殿等が名古屋市へ下賜され、その二日後には国宝指定となり、翌年二月一一日より市民に一般公開されるに至った。ようやく市民が名古屋城の内部を自由に見ることができるようになったのである。その時の記念拝観券も絵葉書仕様であった（写真16）。

16）愛せよ恩賜の国宝　名古屋城
1931年（昭和6）　前年末の12月11日、名古屋離宮廃止と同時に名古屋市へ天守閣・本丸御殿等を下賜。昭和6年2月11日より市民に一般公開された。観覧券を兼ねた記念絵葉書。

人口百万人突破記念絵葉書を発行

この名古屋離宮が廃止される少し前、一九三〇年（昭和五）の一〇月、竣工なった市公会堂で人口百万人突破記念大会がにぎにぎしく執り行われた。その年の国勢調査で名古屋市の人口が百万人を突破「したであろう」という見込みでの大会挙行であった。その後一二月に確定した人口は九〇万七千人たらず。およそ一〇万人も足らない事態に名古屋市の幹部は呆然であった。名古屋市の人口が百万人を突破したのはそれから四年後、一九三四年（昭和九）のことであった。

ともあれ、このまぼろしの記念大会にあわせて市電を経営する市電気局が記念絵葉書を発行したが、そこに「名古屋音頭」なる歌詞が掲載されている（写真17）。いかなるメロディーだったのか知りたいところであるが、楽譜は残っていないので知るすべがないのは残念なことである。

（一）片端線から　ソレ　天守閣みれば
　夫婦金の鯱　ナモ　ほどのよさ
　雨にぬれよと鯱は鯱
　ここで降《お》車りましょ　ササ　お城見に

（二）走る〇八　ソレ　伝馬町行けば
　深いあの森　ナモ　熱田さま

鳥が立とうと白鳥が
ここで降車りましょ　ササ　お詣りに

（三）広い十字路《クロス》よ　ソレ　ここ上前津
西は大須の　ナモ　門前町
願ひかなへる観音さんの
恋のおみくじ　ササ　引いてみな

（四）さあさ降車りましょ　ソレ別院前よ
揃ふてお詣り　ナモ　ごぼうさま
お庭にゃ桜が散るぞえな
散らぬは二人の　ササ　恋の花

（五）十字路《クロス》ぢゃ下車ぢゃ　ソレ　公園前よ
聞いて貰ふよ　ナモ　聞天閣に
闇の噴水なぜ濡らす
逢ふた二人の　ササ　顔と顔

（六）ここは終点　ソレ　覚王山よ
長い参道《みち》筋　ナモ　献上《あげ》灯籠

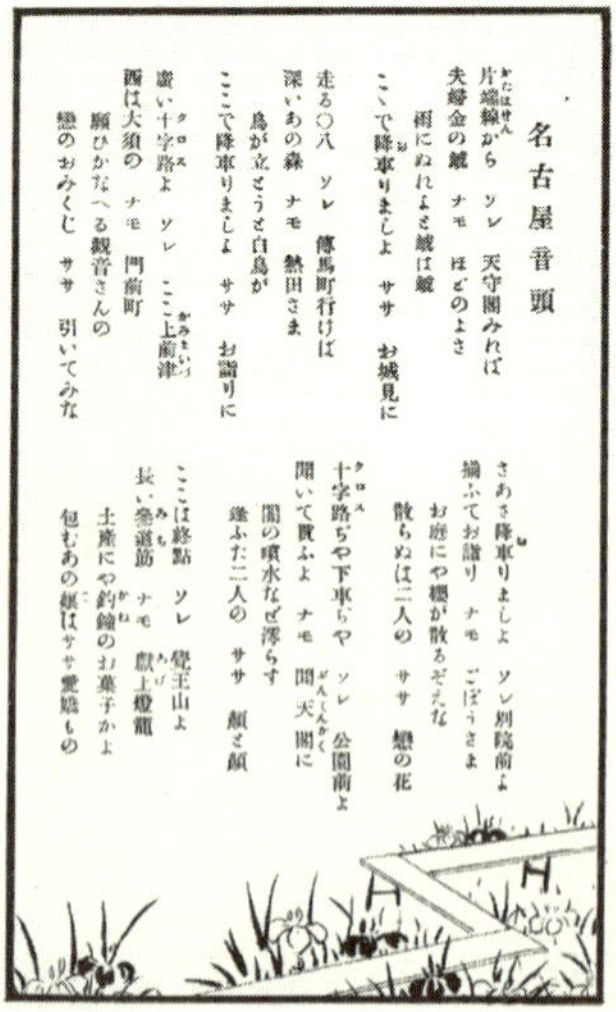

名古屋音頭

片端線《かたはせん》から　ソレ　天守閣みれば
夫婦金の鯱　ナモ　ほどのよさ
雨にぬれよと鯱は鯱
こゝで降車《お》りましよ　ササ　お城見に

走る〇八　ソレ　傳馬町行けば
深いあの森　ナモ　熱田さま
鳥が立とうと白鳥が
こゝで降車りましよ　ササ　お詣りに

廣い十字路《クロス》よ　ソレ　こゝ上前津《かみまへづ》
西は大須の　ナモ　門前町
願ひかなへる觀音さんの
戀のおみくじ　ササ　引いてみな

さあさ降車《お》りましよ　ソレ別院前よ
揃ふてお詣り　ナモ　ごぼうさま
お庭にや櫻が散るぞえな
散らぬは二人の　ササ　戀の花

十字路《クロス》ぢや下車ぢや　ソレ　公園前よ
聞いて貰ふよ　ナモ　聞天閣《ぶんてんかく》に
闇の噴水など濡らす
逢ふた二人の　ササ　顔と顔

ここは終點　ソレ　覺王山よ
長い參道《みち》筋　ナモ　獻上《あげ》燈籠
土産にや釣鐘《かね》のお菓子かよ
包むあの娘はササ愛嬌もの

17）名古屋音頭
1930年（昭和5）同年10月10日の名古屋市人口百万人突破記念大会にあわせて市電を経営する名古屋市電気局が発行したもの。市電を乗り降りしながら市内を遊覧する歌となっている。

土産にゃ釣鐘のお菓子かよ
包むあの娘《こ》は　ササ　愛嬌もの

人口が正しく百万人を突破した一九三四年（昭和九）から翌年にかけて、この歌が大流行したと『総合名古屋市年表昭和編（一）』は記し、三番と五番の歌詞を紹介している。

「走る〇八」、すなわち名古屋市電を乗り降りしながら名古屋市内の名所を遊覧する有様は、先に紹介した松坂屋の案内絵葉書や、さまざまな名古屋名所の絵葉書とイメージが積み重なってゆく。市内の交通機関として乗合バスが本格的に走り始めたのは昭和に入ってからであり、市バスは一九三〇年創業である。個人で自家用車を持つ時代ではなく、なんといっても市電の独壇場であった。江戸時代以来の古くからの名所に、明治以降新出来の施設が新しい名所として加わり、新旧取り混ぜた名所が市電でつながっていったのである。

人口が百万人を突破する頃からであろうか、名古屋で発行される観光絵葉書には「大名古屋名所」「大名古屋美観」「躍進を誇る大名古屋」などと「大」を強調する大仰な題名をつけたものが多くなったようである。

節目の昭和一二年

戦前最大最後の国際博覧会

人口百万人突破から三年後、一九三七年（昭和一二）も名古屋にとっては、大きな節目となる年であった。実はその三年後にあたる一九四〇年（昭和一五）に東京で開催予定だった万国博覧会の露払いとして企画されたのが名古屋汎太平洋平和博覧会であった。名古屋港にほど近い、埋立地の臨港地帯を会場に、太平洋沿岸諸国・地域・都市からの参加を招請した名古屋初の国際博覧会であった。

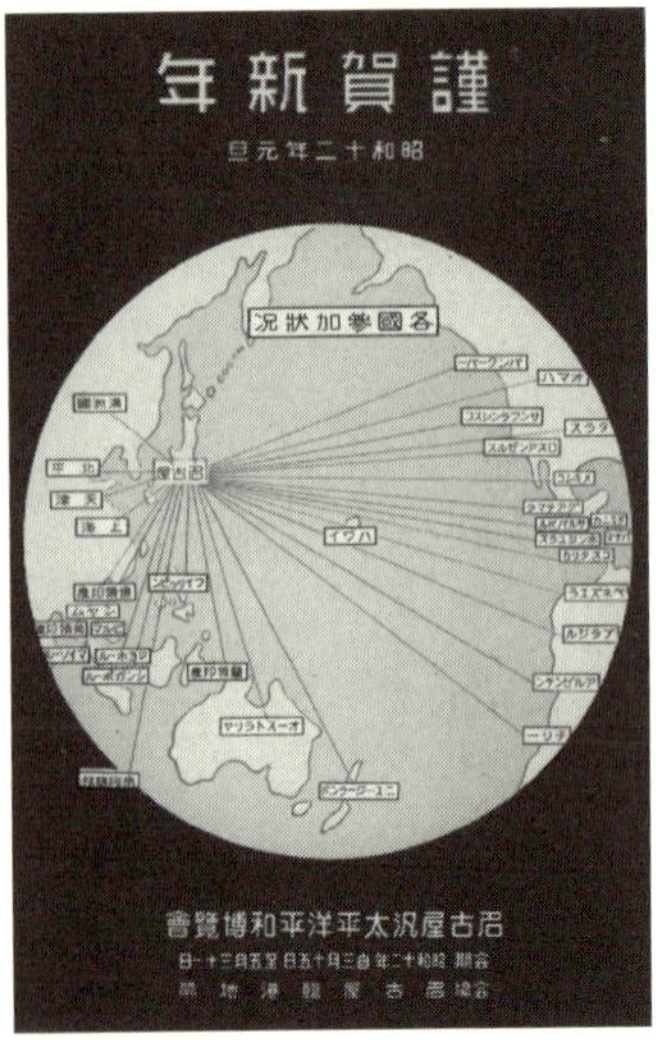

18）名古屋汎太平洋平和博覧会年賀葉書

1936年（昭和11）　昭和12年の元旦用に、博覧会の前宣伝を兼ねて発行された年賀葉書。太平洋沿岸から博覧会へ参加する諸国・地域を図案化している。

万国博覧会は当時進行中であった日中戦争の悪化という状況で、ついに中止の事態となったが、名古屋での博覧会は予定通りおこなわれ、結果的には戦前日本で開催された国際博覧会として最後で最大規模のイベントとなった。三月一五日から五月三一日までのべ七八日間にわたって、環太平洋地域はじめ三七か所の海外諸国・都市・地域から参加をみ、会期中の入場者は四八〇万人余にのぼった。開催を告知するポスター図案もさかんに年賀葉書の図案に転用されて宣伝に一役買った（写真18）。一九一〇年（明治四三）の共進会と同じく、名古屋にとっての飛躍の一年であったといえよう。

この年は、ちょうど博覧会の開催にあわせるように相次いで、市内の大プロジェクトが進行した。まずは、二月一日、本稿の冒頭にも述べた名古屋駅の大改装が完成し、六階建ての近代的な駅舎が出来上がるとともに、線路・プラットホームがすべて高架となり、さらに貨物駅が笹島へ分離された。また新駅舎の正面へ通ずる桜通りがあらたに築造され、中心市街地の基幹道路となった。大正中期頃に計画された駅前の大改造が約二〇年越しでようやく完成したのである。

また海外からの観光客のための観光ホテルも開業し、手狭となった鶴舞公園内の動物園を東郊の丘陵地へ移転。新たに植物園も併設し、同年三月東山公園として開園した。博覧会の絵葉書として発行された中に、名古屋市観光ルートを案内

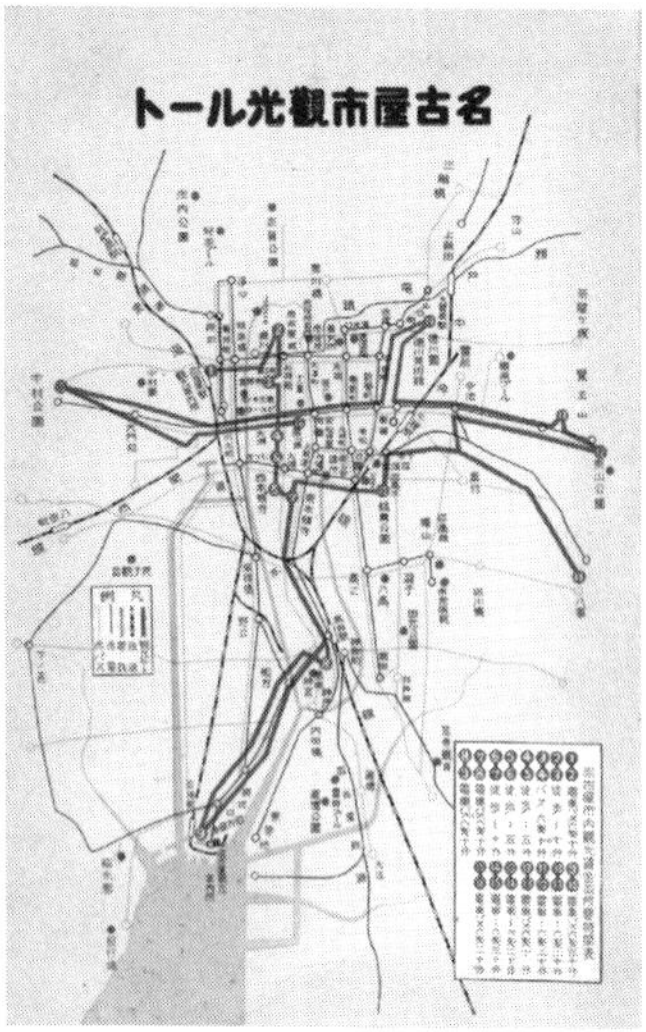

19）名古屋市観光ルート
1937年（昭和12）　同年の名古屋汎太平洋平和博覧会開催に際して発行されたもの。同年3月東山公園も開園した。

20）東山公園
昭和20年代頃　東山公園園内の上池で戦時下を生きのびた二頭のインドゾウ（マカニーとエルド）が水浴びをする光景。

するものがある。名古屋市役所が発行したものの一枚であるが、市内各所を東西南北に広がる市電を乗り降りしながら朱線の例示でそのルートを案内する（写真19）。同年新たに開園した東山公園も加わり、おおよそこれが戦前名古屋においての、また戦後かなりの時間を戦災復興に費やさざるを得なかった時期の観光ルートと言ってよいのではなかろうか。

結びにかえて

戦後、日本でただ一か所、戦禍をくぐり抜けてゾウが生き残ったのは名古屋の東山動物園であった。もともとサーカスにいたこのインドゾウ、マカニーとエルドは曲芸がうまく、子どもたちにも人気者であった。終戦翌年の一九四六年（昭和二一）三月二七日、動物園は再開され、同年四月末には毎年恒例だった動物祭も復活した。そこでもゾウの曲芸は人気を博した。東山動物園のゾウを見たい子どもたちのために、国鉄や関係者の尽力でゾウ列車が走り、戦後まだ復興の目処も定かではない時にあって、明るい話題を提供した。今に残る戦後発行の絵葉書にも、園内の池でゾウが水浴びをするのどかな光景が残っている（写真20）。戦災復興の足どりとともに、東山公園にも子どもたちや家族連れのにぎやかな声が戻ってきたといえよう。

空襲で大きなダメージを受けた名古屋市街地には、防災対策も考慮した幅広い道路、すなわち久屋大通と若宮大通が設けられた。久屋大通には一九五四年（昭和二九）、テレビ塔が竣工して、ここも高所から市街地を一望する新名所となった（写真21）。しかしながら、近年のデジタル化によって、この塔は還暦を迎える前にテレビ塔としての役目を終えてしまった。今後の活用方法が遡上にのぼっているのが現状である。

同じ中部地方にあって、名古屋と同様に元は城下町であった観光地に金沢がある。加賀百万石、伝統工芸の町として有名であるが、二〇一〇年（平成二二）実績の観光統計では、金沢市内における集客力の一～三位は兼六園、金沢21世紀美術館、金沢城公園の順であった。一方の名古屋は東山動植物園、名古屋港水族館、名古屋城である。いずれも大規模公園、特色あるミュージアム施設、大規模城趾と総括できよう。

21）栄町附近とテレビ塔
1955年（昭和30）以降　名古屋のテレビ塔は1954年（昭和29）竣工した。同年2月には中村呉服店（後のオリエンタル中村、現・三越名古屋店の前身）が栄町に進出した。

近代化の過程で、伝統工芸の町と

して歩んだ金沢と、重工業中心の生産都市として人口二百万を超す大都市となった名古屋では、おのずと都市としての生きるスタンスは異なる。しかしながら、やはり人が生きていく上で「憩い」は必要不可欠なのであり、日常住まう土地を離れて新たな知見を得る、それこそが観光であろう。

絵葉書でたどった名古屋名所のありようから今一歩踏み出し、名古屋は名古屋なりの独自性、例えば食の文化＝「なごやめし」、産業の文化＝「産業観光」、歴史の文化＝「武将観光」といった地域ならではの特色を、交通インフラと有機的に結びつけた観光戦略が求められるのではなかろうか。

参考文献

「〈激変！〉ニッポンの観光」（二〇〇七・七・二八）『週刊ダイヤモンド』　ダイヤモンド社
名古屋市博物館（二〇〇九）『名古屋市博物館収蔵絵葉書図版目録』
井上善博「いのうえ・よしひろ」（二〇〇七）「絵葉書のイメージリーディング」『名古屋市博物館研究紀要』第三〇巻
井上善博（二〇〇九）『名古屋絵はがき物語』　風媒社

大学生の力を博物館に注入！

―名古屋市博物館「ナイトミュージアム」―

木村 仁美

年に何度も特別展を開催し、地域の人に向けたイベントやシンポジウムも積極的に行うなど、名古屋に欠かせない存在となっているのが名古屋市博物館。なかでも、ひときわ目をひく大きなイベントが、「はくぶつかんのなつまつり」です。

七月から八月にかけて行われるこのイベントの目玉は「ナイトミュージアム」。これは、博物館の常設展を夜に一時間ほど無料で特別開放するという人気イベントで、お客さんは真っ暗でいつもと違う雰囲気の夜の博物館を楽しむことができます。暗い中でライトアップされる展示物を観ることができるとても珍しい機会なので、毎年小学生以下の子どもたちからお年寄まで、幅広い年齢層の方が見に来てくれます。

実はこの「ナイトミュージアム」には、名古屋市立大学の学生が深く関わっているのです。この博物館のイベントに携わる学生サークル、「名古屋市博物館サポーターMARO」について紹介します。

「名古屋市博物館サポーターMARO」（以下・MARO）は、名古屋市立大学（以下・名市大）の学生を中心に、二〇一一年秋に結成されたサークルです。メンバーは二五名ほどですが、イベントの際には学生に声をかけ、ボランティアを募ります。二〇一三年の「はくぶつかんのなつまつり」のボランティア参加者は二五名で、総勢五〇名以上で行う大きなイベントになりました。サークルのコンセプトは、もっと若い人たちに名古屋市博物館に来てもらうべく、学生の若さを博物館に注ぎ込むこと――。そのため、サークルのメンバーが週一回博物館へ行き、学芸員や職員の方々と話し合い、イベントの企画や準備をします。

どうしたら来館者に楽しんでもらえるか、どうしたら

2012年の「ナイトミュージアム」弥生女子会

また博物館に来たいと思ってもらえるか、などについて時間をかけて話し合います。たまに学生の若さ、未熟さに学芸員さんがあきれてしまう場面も見られますが、お互いに納得するまで話し合って、よりよいものをつくっていこうとする姿は真剣そのものです。こうして、これまでたくさんのイベントを成功させてきました。

　中でも力を注いでいるイベントが、「はくぶつかんのなつまつり」での「ナイトミュージアム」です。しかし、ただ暗い照明のなかで常設展を観てもらうだけでは、インパクトに欠けます。そこで学生が考案したのは、常設展の展示を活かした寸劇でした。

　たとえば、ひときわ目をひく竪穴式住居のレプリカを使い、弥生人の格好をして、当時の生活を再現するコーナー。これは三年連続で行いましたが、リピーターが続出し、〝弥生寸劇ファン〟を生み出すほどの人気でした。

　またテーマも毎年変えており、二〇一二年は「サマーおばけーション」として、おばけに扮した学生が夜の常設展を案内しました。学芸員さんや職員さんも体を張ってくださり、寸劇でその年大流行したノースリーブの芸人の真似をした職員さんもいました。このようにして名古屋市博物館と学生が全力で取り組んだ「はくぶつかんのなつまつり」は、毎年大きな盛り上がりを見せています。年々お客さんの数も増え、少しずつですが地域のイベントとして定着してきています。

「はくぶつかんのなつまつり」以外にも、たくさんのイベントを企画しています。MAROは二〇一一年から九州国立博物館の学生ボランティアと交流を始め、これまでに二回、名古屋市博物館で合同ワークショップを開催しました。MAROの学生が九州まで行き、九州国立博物館のワークショップの手伝いをしたこともあります。九州と名古屋は距離が遠く、企画もメールを通じてやりとりするのでとても大変ですが、一緒にワークショップを成功させたときの喜びが忘れられず、二〇一三年度にも合同ワークショップの開催を企画しています。

二〇一三年二月には、名古屋市の教育シンポジウムにも出させていただきました。シンポジウムという堅い場でしたが、〝若さを注ぎ込む〟というコンセプトのもと、古代人の衣装を着て壇上へ上がり、たくさんの方に博物館での活動を紹介することができました。MAROは名古屋市長から「文化財活かし隊」に任命され、今後も名古屋市博物館を拠点に名古屋市の歴史や文化を広めていくことを誓いました。


MAROは二〇一一年に結成した新しいサークルですが、約二年という短い間に広く活躍の場を広げてきました。その活動は新聞やラジオでも取り上げられ、徐々に注目を浴びています。また、シンポジウムやブログで、博物館での活動を学生自らが発信していく姿勢も見られるようになってきました。とはいえ、サークルの歴史はまだ浅く、博物館での活動は始まったばかり。これまでの活動の反省点やサークルのあり方を見つめ直し、さまざまな課題を見つけては解決しながら、「はくぶつかんのなつまつり」などのイベントや九州国立博物館とのつながりをしっかりと継続していくことが、当面の課題と言えるでしょう。

こうした地道な努力がいつしか実を結んで、博物館のある「桜山」という町、ひいては名古屋全体を元気にすることができるはず――と信じています。これから博物館へ来館される際には、こんな熱い想いをもった学生が博物館および町全体を盛り上げようとしているということを、どうぞ心の片隅に置いていただけますように。

名古屋の歴史・文化・まちづくりと観光

須田　寛

中部地域の観光

観光地の資源を数量化して、その偏差値を加味してウェイトを試算してみると中部地域（中部九県）の観光力は全国比二三％である。それに対して観光実績は一八％にとどまる。観光力と観光実績のあいだに五％のギャップがあり、ここに中部地域の観光の問題点が象徴的にあらわれている。即ち、観光資源が充分活かされていないことを示している。

観光の流れを広域ブロック間の人流の推移（国土交通省国土計画局資料による）から概観してみよう。中部地域は首都圏近郊ないし近畿圏近郊の観光地としてのウェイトが大きく、そのほかに中部九県内相互あるいは中部と他地域との観光、多くの通過観光客が存在していると考えられる。豊富な観光資源があっても、首都圏や近畿圏の近郊観光地にとどまっている。東海道新幹線の乗客動向

広域ブロック相互間の人流の推移（国土交通省）

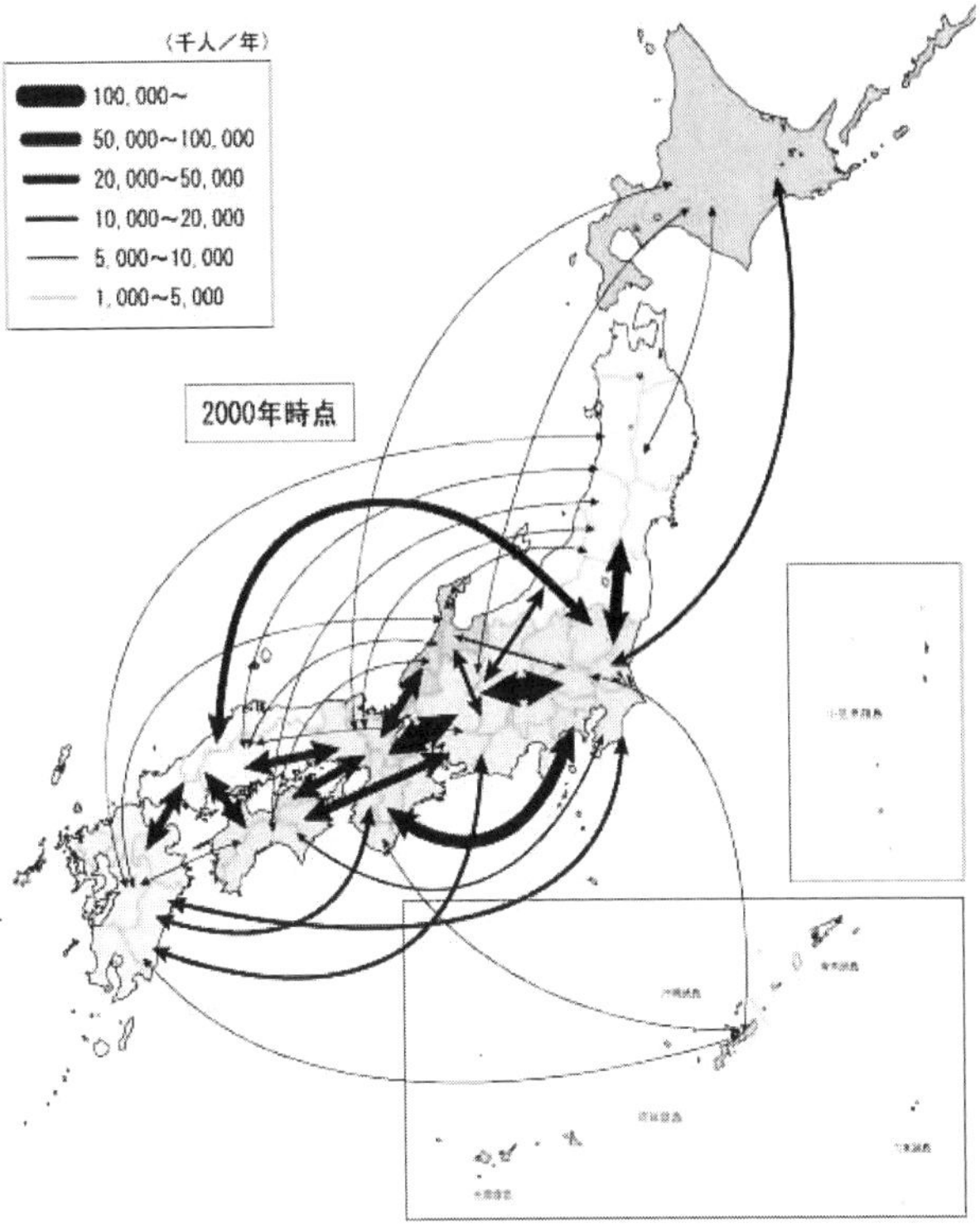

をみても通過する観光客も多く、全体として中部地域は観光については底が浅いといわざるをえない。

観光の流れから課題もみえてくる。大切なのは中部中心の幅広い観光の流れをつくること、通過客を中部にも立ち寄る観光客にすること、そして恵まれた観光資源のネットワーク（体系）化をはかることである。そのためには、積極的な情報発信が欠かせない。観光地のネットワーク化を進めるうえで、中部九県が力をあわせて主にアジア圏からの外国人観光客の誘致促進を推進する「昇龍道プロジェクト」は重要な取り組みといえる。北陸から飛騨、そして名古屋を経由して伊勢志摩に向かう観光ルートを提唱しており、広域的な観光連携として注目される。

観光からみた名古屋の方向

名古屋は観光都市、文化交流都市となるべきであり、それだけの観光資源をもっている。歴史文化や自然景観、いずれにもすぐれた資源がある。多くの古墳や由緒ある熱田神宮をはじめとして、貴重な歴史・文化遺産が残されている。名古屋は古き時代から歴史都市ともいえる。さらにこの地域は「ものづくり」が盛んであり、産業観光は名古屋ならではの観光である。

だが、名古屋は残念ながら「観光開発途上都市」という現状にある。すぐれた観光資源があるにもかかわらず、あまり資源として認識されず、有効に活用されていない。観光都市・文化交流都市としての意識も弱く、行政の体制も充分整っておらず、観光・交流施策の展開も十分ではない。観光振興が国レベルでも重要課題となってきている。これからは「ものづくり」だけでは発展できないわけで、名古屋がこの地域の観光を引っ張っていくことが期待される。

観光をすすめるために

まずは観光への住民の理解、協力がなくてはならない。口コミで情報を発信するのは、住民である。タクシーの運転手が観光客に「名古屋は見るところがない」というような状況ではまずい。おもてなしの心、ホスピタリティをどう高めていくかも問われている。住んでいる住民がわがまちを誇らしく思い、すぐれた観光資源の存在を知って多くの人に口コミで伝えること、観光する心をもつことが大切である。観光は住民と企業、行政とが連携して推進していくことが求められている。

観光は経済行為であり、ビジネスモデルの構築が欠かせない。産業観光も注目されつつあるが、ビジネスモデルに欠けるものが多く、なかなか持続的にならない。どうやって観光に伴う資金の循環を作り出すかが課題である。同時に観光振興には、地域全体で得た収益をプールするなど、地域間のネットワーク構築も重要である。広域的な視点に立って、近郊都市との役割分担も大切だ。

名古屋の新しいまちづくりの必要性

二〇二七年にリニア中央新幹線の東京と名古屋間が開通して、名古屋が暫定始発地となる可能性がある。この場合名古屋と東京の経済社会機能が一体化することが予想され、それに備えて今から準備することが多い。

参考までに「新幹線と観光」について述べておきたい。新幹線の開通効果として、工事に伴う経

産業観光施設「ノリタケの森」

済効果、時間価値の生み出し効果、開通に伴う人的交流の増加（観光客・ビジネス）、地域総合開発効果の浸透があげられる。九州新幹線を例にとると、二〇一一年四月から一二年三月で熊本・鹿児島間の通過客は六六％増えた。二〇一一年で鹿児島県の観光客は中国地方からが一五五％、関西地方からが五八％増えている。新幹線開通により、観光客が急増しているのがわかる。

リニア中央新幹線の暫定始発地となる名古屋には、次の三点の課題がある。①名古屋市の中枢観光都市としての受入態勢の整備、②将来の大阪への延伸の際に、名古屋が通過都市とならないためのまちづくり、③多くの観光客を通過させず受け入れるための観光まちづくり。③に関しては、新幹線が岡山から博多まで延伸するにあたって岡山県が取り組んだ経験が示唆に富む。倉敷の観光まちづくりなどにより、岡山県が通過地域にならずに多くの観光客を受け入れてきている。

名古屋のまちづくり

名古屋の歴史とまちづくりは、城下町→手工業都市→近代産業都市→デザイン都市といった流れで語ることができる。名古屋は国際化・情報化・人口構造変化などに対応して、今後バランスのとれた発展をめざすことが重要だ。「産業技術の中枢都市」「文化芸術の中枢都市」「観光交流の中枢都市」としての機能・特色を踏まえた政策展開が求められる。名古屋市の都市政策・まちづくりのなかに、観光交流と観光推進体制をしっかりと位置づける必要がある

「新しい観光」とまちづくり

観光の使命

観光の語源は中国の易経「観国之光」である。国の光を心をこめて見ること、ないしは見せることであり、古くから人的交流の促進は為政者の任務とされてきた。戦時中に物見遊山などとして観光イメージが作られたため、観光は中止されてきたが、観光はけっして単なる「遊び」ではない。観光は人と人とのふれあいであり、交流のなかで文化が発展することを考えれば、観光は文化事業なのである。

また観光は経済行動でもあり、産業としても大きな位置を占めている。移動することでお金が落ちるわけであり、その地域経済効果も大きなものがある。公共事業に力を入れるよりは、観光に力を注ぐほうが地域活性化にとっても効果があがるのではないか。

観光の現状

日本の観光は国内の観光低迷、内外観光のアンバランスにみられるように、現状はかなり厳しい。国内観光が低迷しているのは、観光のマンネリ化にも原因がある。リピーターを確保することが大切だ。たえず更新に努める東京ディズニーランドでは、多くのリピーターを確保して長期にわたり活況を続けている。

それに観光の態様と観光ニーズの変化にも原因がある。昔は大型団体旅行が主流だったが、最近は少人数グループ化した観光に変化してきている。従来の団体中心の宿泊施設など、観光客の受け入れ体制が観光形態の変化に対応できていない。修学旅行も分散学習型に様変わりしてきた。団体旅行に典型的な画一的な観光から、体験や学習など「行動する観光」へとニーズが変わってきたのである。

「新しい観光」とその必要性

「新しい観光」の観光資源（資源の高度化）

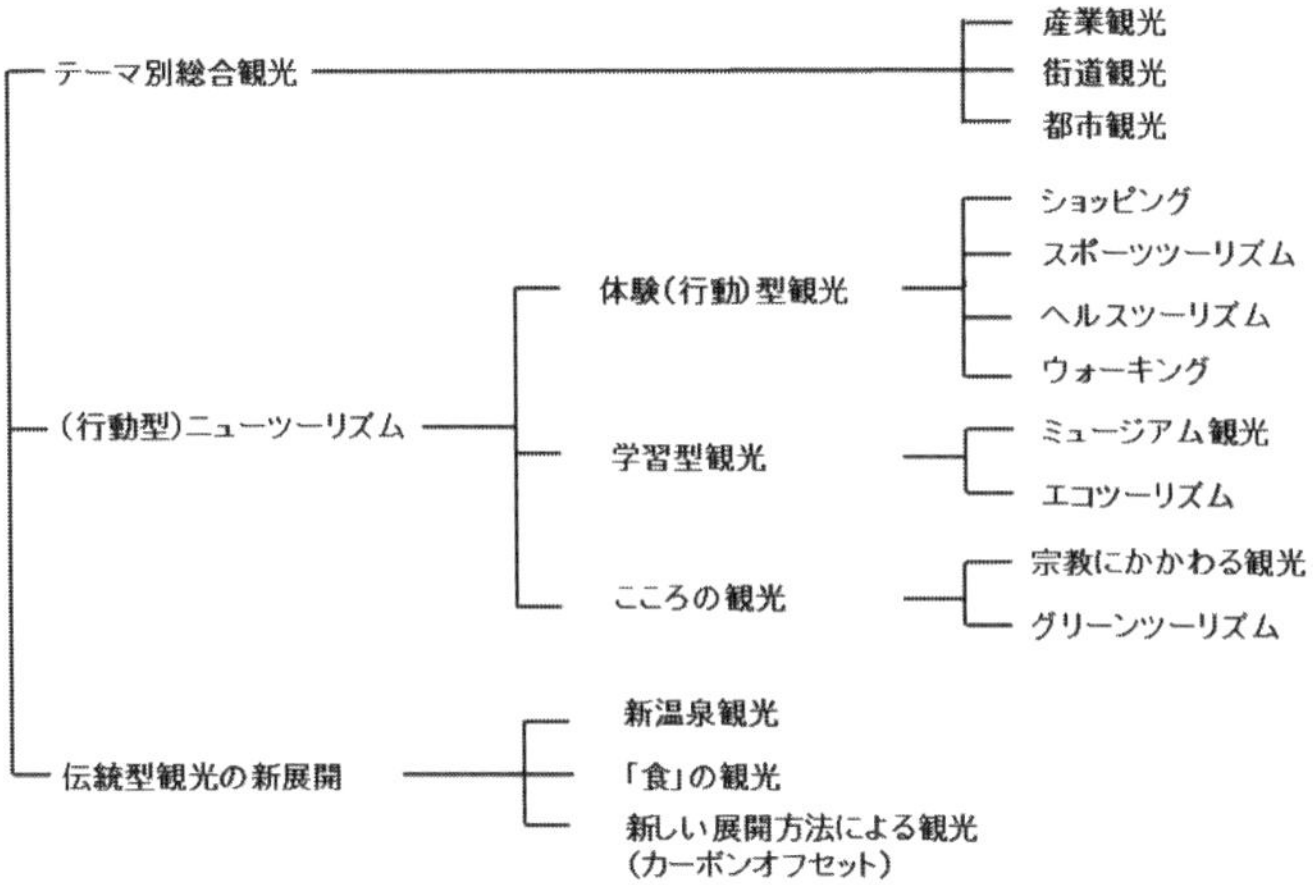

観光を活性化させていくうえで、新しい切り口の観光が必要になっている。たとえばテーマ（主題）別観光として、「産業観光」「街道観光」「都市観光」をあげることができる。道やまちを歩き、景色や景観を楽しむことが新しい観光として人気を集めている。行動型のニューツーリズムの、「グリーン」「ヘルス」「エコ」観光など多様である。北海道では脱花粉症を売り物にした「ヘルス観光」も人気のようだ。こころの観光として、宗教にかかわる観光もある。そもそも観光は「お伊勢まいり」など宗教行事としてひろがった。伝統型観光の新展開として、B級グルメブームにみられるように、「食」の観光にも注目したい。

こうした「新しい観光」は、地域密着型（着地型）として特色づけられる。これまでの観光は主に発地型であったが、着地型観光が注目を集めている。自分たちが身の回りに関心をもち、着地自らが情報発信していくこと、それが地域密着の観光につながる。まちづくりにつながる観光であり、まちづくりは、すなわち観光といってもよい。

新しいまちづくりの方向

交通構造と人口構造の急激な変化、都心と郊外の変貌などにより、新しいまちづくりが求められて久しい。

観光を起爆剤にして、観光客が観光しやすいまち、同時に住民が住みやすいまちをつくっていく。新しいまちづくりが求められている。即ち住んでよし、訪れてよしのまちづくりである。観光客と住民とのふれあいの場づくり、観光客と住民が共生できるまちに向けて、「観光まちづくり」を推進していく必要がある。まちづくりの努力と観光振興の努力は同時進行だ。観光はまちづくりと連携することにより大きい相乗効果を発揮する。

※本稿は二〇一二年一二月の「名古屋と観光」講義録をもとにしている。

あとがき

「観光のまなざし」を名古屋にあてた旅も終わりに近づいてきた。はじめにも述べたように、なぜ「名古屋と観光」なのかという疑問に応えられたであろうか。

本書は観光そのものを扱うというよりも、副題のように名古屋の歴史・文化・まちづくりから観光にアプローチするものである。観光論というより、「名古屋論」「名古屋本」といったほうが適切かもしれない。アーリの『観光のまなざし』はツーリストの視線とその対象をさまざまのレベルにおいて分析した観光論であるが、本書は名古屋の歴史と文化、まちづくりに焦点をあてた観光論である。

本書の成り立ちは今から七年前にさかのぼる。名古屋市市民経済局からの依頼を受け、地域連携の一環として、二〇〇六年四月に「観光研究プロジェクト」を立ち上げた。このプロジェクトは名古屋市立大学大学院人間文化研究科と人文社会学部の特色を活かし、人文社会科学の諸分野から名古屋の観光を学際的に調査研究することを目的とした。新たに開設された人文社会学部の総合科目「名古屋の歴史・文化・まちづくりと観光」（略称「名古屋と観光」）に共同研究の成果を反映させた。この講義は市民にも公開され、大きな教室が満員になるほどに盛況であった。講義だけでなく、その年の一二月一六日には、西村幸夫東京大学教授を招いて「歴史・文化・自然を活用したまちづくりと観光」をテーマにした講演会を開催して、観光まちづくりへの関心を高めた。

共同研究と講義を続けるなかで、二〇〇七年一二月一二日に、公開シンポジウム「名古屋の観光まちづくり」を日本政策投資銀行との連携事業として開催した。会場の名古屋市中区役所ホールに三〇〇人近い参加があり、名古屋の観光まちづくりの課題について提言を行った。さらに二〇〇八年一一月一五日には、国際シンポジウム「観光まちづくりの国際比較　ペーチ（ハンガリー）と名古屋」を開催し、名古屋からの情報発信と国際交流につとめた。

こうした教育研究の成果をとりまとめたのが本書である。執筆者は「名古屋と観光」の講義担当者が中心となっている。講義録が掲載してあるが、須田寛JR東海相談役は講義の最初から担当され、毎回「観光のこころ」と観光論を熱心に講義され、受講生から大好評である。一昨年から講義を担当している名古屋市博物館の井上善博学芸員にも、講義のエッセンスを執筆してもらった。さらに「コラム」を人間文化研究科の院生・修了生・学生に担当してもらったことも付記しておきたい。

本書により「観光のまなざし」が名古屋にすこしでも注がれることを期待している。観光だけでなく、名古屋の歴史・文化・まちづくりに関心のある多くの人たちに読んでもらいたい。

さいごに、厳しい出版事情のもとで本書の刊行を引き受けてくださった風媒社会長の稲垣喜代志さん、編集作業を担当していただいた劉永昇さんに感謝したい。

二〇一三年七月

山田　明

【著者紹介】

山田　明（やまだ・あきら）　名古屋市立大学大学院人間文化研究科教授　主な著書に『公共事業と財政』（高菅出版）、共編著に『大都市圏の構造変化 東海からの発信』（自治体研究社）など。

吉田一彦（よしだ・かずひこ）　名古屋市立大学大学院人間文化研究科教授　主な著書に『民衆の古代史』（風媒社）、『古代仏教をよみなおす』（吉川弘文館）、『仏教伝来の研究』（吉川弘文館）など。

阪井芳貴（さかい・よしき）　名古屋市立大学大学院人間文化研究科教授　主な共著に『折口信夫事典』（大修館書店）、『南島研究と折口学』（桜楓社）、『酒読み』（社会評論社）など。

谷口幸代（たにぐち・さちよ）　お茶の水女子大学大学院人間文化創成科学研究科准教授　主な共著に『展望現代の詩歌』（明治書院）、『バイリンガルな日本語文学』（三元社）など。

成田徹男（なりた・てつお）　名古屋市立大学大学院人間文化研究科教授　主な共著に『八丈島方言の研究』（東京都立大学国語学研究室）、編著に『保育内容　ことば』（株式会社みらい）など。

井上善博（いのうえ・よしひろ）　名古屋市博物館学芸員　主な著書に『名古屋絵はがき物語』（風媒社）など。

須田　寛（すだ・ひろし）　JR東海相談役　主な著書に『観光』（学芸出版社）、『東海道新幹線』（JTB）など。

市岡　聡（いちおか・さとる）　名古屋市立大学大学院人間文化研究科博士後期課程在学　主な論文に「『法華験記』序の寂法師と験記」（『日本歴史』778）、「『法華伝記』の撰者と成立年代について」（名古屋市立大学大学院人間文化研究科『人間文化研究』18）など。

原口耕一郎（はらぐち・こういちろう）　鹿児島県南さつま市立加世田郷土資料館嘱託学芸員　共著に大山誠一編『日本書紀の謎と聖徳太子』（平凡社）、主な論文に「隼人研究の背景」（宮崎考古学会編『宮崎考古』24）など。

浅岡悦子（あさおか・えつこ）　名古屋市立大学大学院人間文化研究科博士後期課程在学。

文　秀秀（ぶん・しゅうしゅう）　名古屋市立大学大学院人間文化研究科博士後期課程在学。

野田雅子（のだ・まさこ）　名古屋市立大学大学院人間文化研究科博士前期課程修了　食文化研究家　新なごやめし決定戦審査員。

木村仁美（きむら・ひとみ）　名古屋市立大学人文社会学部在学。

❶産業技術記念館
❷ノリタケの森
❸名古屋城
❹名古屋能楽堂
❺名古屋市政資料館
❻東照宮
❼那古野神社
❽徳川園
❾徳川美術館
❿長母寺
⓫名古屋テレビ塔
⓬愛知県美術館
⓭名古屋市美術館
⓮大須観音
⓯七ツ寺
⓰東別院
⓱栄国寺
⓲鶴舞公園
⓳揚輝荘
⓴名古屋ボストン美術館
㉑名古屋市博物館
㉒断夫山古墳
㉓白鳥古墳
㉔熱田神宮
㉕七里の渡し
㉖文化のみち 二葉館

名古屋の歴史・文化施設map

名古屋の観光力　歴史・文化・まちづくりからのまなざし

2013年9月30日　第1刷発行　　（定価はカバーに表示してあります）

編　者　　山田　明　　吉田一彦

発行者　　山口　章

発行所　名古屋市中区上前津2-9-14　久野ビル
振替 00880-5-5616 電話 052-331-0008
http://www.fubaisha.com/
風媒社

乱丁・落丁本はお取り替えいたします。　　＊印刷・製本／モリモト印刷

ISBN978-4-8331- 1105-8